A felicidade

A felicidade
Mauricio Pagotto Marsola

FILOSOFIAS: O PRAZER DO PENSAR
Coleção dirigida por
Marilena Chaui e Juvenal Savian Filho

wmf **martinsfontes**
São Paulo 2015

*Copyright © 2015, Editora WMF Martins Fontes Ltda.,
São Paulo, para a presente edição.*

1ª edição 2015

Edição de texto
Juvenal Savian Filho
Acompanhamento editorial
Helena Guimarães Bittencourt
Revisões gráficas
Letícia Braun
Solange Martins
Edição de arte
Katia Harumi Terasaka
Produção gráfica
Geraldo Alves
Paginação
Moacir Katsumi Matsusaki

**Dados Internacionais de Catalogação na Publicação (CIP)
(Câmara Brasileira do Livro, SP, Brasil)**

Marsola, Mauricio Pagotto
 A felicidade / Mauricio Pagotto Marsola. – São Paulo : Editora
WMF Martins Fontes, 2015. – (Filosofias : o prazer do pensar /
dirigida por Marilena Chaui e Juvenal Savian Filho)

ISBN 978-85-7827-964-6

 1. Felicidade (Filosofia) 2. Filosofia 3. Pensamento 4. Reflexões
I. Chaui, Marilena. II. Savian Filho, Juvenal. III. Título. IV. Série.

15-04380   CDD-100

Índices para catálogo sistemático:
1. Felicidade : Pensamento filosófico   100

Todos os direitos desta edição reservados à
Editora WMF Martins Fontes Ltda.
*Rua Prof. Laerte Ramos de Carvalho, 133 01325-030 São Paulo SP Brasil
Tel. (11) 3293-8150 Fax (11) 3101-1042
e-mail: info@wmfmartinsfontes.com.br http://www.wmfmartinsfontes.com.br*

SUMÁRIO

Apresentação • 7
Introdução • 9

1 Bem supremo e virtude • 15
2 A escolha de Héracles • 53
3 O jardim interior e os labirintos da alma • 81
4 Imaginação e utilidade • 88
5 Conclusão – Os limites de um conceito • 93

Ouvindo os textos • 97
Exercitando a reflexão • 122
Dicas de viagem • 125
Leituras recomendadas • 130

APRESENTAÇÃO
Marilena Chaui e Juvenal Savian Filho

O exercício do pensamento é algo muito prazeroso, e é com essa convicção que convidamos você a viajar conosco pelas reflexões de cada um dos volumes da coleção *Filosofias: o prazer do pensar*.

Atualmente, fala-se sempre que os exercícios físicos dão muito prazer. Quando o corpo está bem treinado, ele não apenas se sente bem com os exercícios, mas tem necessidade de continuar a repeti-los sempre. Nossa experiência é a mesma com o pensamento: uma vez habituados a refletir, nossa mente tem prazer em exercitar-se e quer expandir-se sempre mais. E com a vantagem de que o pensamento não é apenas uma atividade mental, mas envolve também o corpo. É o ser humano inteiro que reflete e tem o prazer do pensamento!

Essa é a experiência que desejamos partilhar com nossos leitores. Cada um dos volumes desta coleção foi concebido para auxiliá-lo a exercitar o seu pensar. Os temas foram cuidadosamente selecionados para abordar os tópicos mais importantes da reflexão filosófica atual, sempre conectados com a história do pensamento.

Assim, a coleção destina-se tanto àqueles que desejam iniciar-se nos caminhos das diferentes filosofias como àqueles que já estão habituados a eles e querem continuar o exercício da reflexão. E falamos de "filosofias", no plural, pois não há apenas uma forma de pensamento. Pelo contrário, há um caleidoscópio de cores filosóficas muito diferentes e intensas.

Ao mesmo tempo, esses volumes são também um material rico para o uso de professores e estudantes de Filosofia, pois estão inteiramente de acordo com as orientações curriculares do Ministério da Educação para o Ensino Médio e com as expectativas dos cursos básicos de Filosofia para as faculdades brasileiras. Os autores são especialistas reconhecidos em suas áreas, criativos e perspicazes, inteiramente preparados para os objetivos dessa viagem pelo país multifacetado das filosofias.

Seja bem-vindo e boa viagem!

INTRODUÇÃO

> Melhor para o ser humano
> seria não ter nascido.

Provinda da ancestral sabedoria trágica, a frase em epígrafe estende suas raízes na mais visceral questão acerca dos limites de nosso viver bem. Não apenas do viver, mas do viver *bem*. Em tal perspectiva trágica, o ser humano pode agir de muitos modos, visando seu bem; mas sua própria condição o limita. Logo, melhor seria não ter nascido.

Esse problema será posteriormente relacionado à questão, que aos poucos emerge no âmbito filosófico, acerca da finalidade última da vida humana e da forma de agir que a realiza bem. Ora, na compreensão de alguns filósofos, a boa realização da finalidade de algo pode ser identificada com seu *bem*. A essa questão serão vinculadas tantas outras: afinal, o que é o "bem supremo" da vida humana e, se existe, está ao nosso alcance? Como o acaso o limita? Como ter discernimento entre o que depende e o que não depende de nós? Por que, mesmo *sabendo* o que é adequado e melhor, *fazemos* o que não é? A virtude conduz à felicidade ou elas não possuem qualquer vínculo? A vida boa será agir conforme o útil ou o prazer? Ela seria assegurada pelas riquezas ou pela saúde? Esse núcleo de questões compõe o tema da reflexão filosófica acerca da *felicidade* (que os antigos gregos denominavam *eudaimonía*), mas que também será prolongada no mundo moderno.

A dificuldade em definir a felicidade como um dos eixos de significação da finalidade da vida humana conduz alguns filósofos, mas antes também poetas e autores teatrais, a diversos caminhos para identificar o que seria o melhor, o mais excelente para a vida no transcurso do tempo que lhe é dado. As mais antigas narrativas míticas (como a *Ilíada* e a *Odisseia*) já denominam esse transcurso de nossa vida como algo marcado pelo destino (uma das traduções da palavra grega *môira*, que designa originalmente a parte ou propriedade de alguém e, por extensão, a parte de vida que nos cabe no tempo). Alguns consideram essa parte que nos cabe como algo que escapa completamente ao nosso controle, marcada por uma imponderabilidade absoluta e independente de nossos esforços. As tentativas de agir bem são limitadas pelos efeitos do acaso ou das paixões, que não podem ser controladas de modo completo.

Muitas obras ilustrarão esse aspecto da insuficiência humana ao tentar realizar sua própria felicidade e deliberar sobre seus caminhos. A mortalidade e a visão limitada são traços que definem a condição humana em relação aos deuses, viventes imortais. Diferentes narrativas míticas ilustram tal limitação, sobretudo quando os mortais, esquecendo-se de sua própria condição, desejam ser como os deuses. Bastava, para castigá-los, que Zeus lhes revelasse sua própria condição, sujeita ao ciclo do nascimento e da morte, tal como ilustra, por exemplo, o mito de Prometeu, presente na *Teogonia* de Hesíodo [750 a.C.-650 a.C.]. O mito narra que o titã Prometeu rouba o fogo de Zeus e lhe dá aos homens. Ao se sentirem poderosos com o poder da inteligência técnica que descobrem pelo uso do fogo, os seres humanos se tomam como deuses. Como punição, Zeus lhes dá como presente Pandora, que traz consigo o ciclo do trabalho, do nascimento e da morte.

Em muitos autores, a identificação da tensão presente na abordagem da condição humana e a vinculação entre o *viver bem* e o *agir bem*, fazem com que o conceito de virtude seja tomado como um componente essencial da noção de felicidade. Agir bem implica a deliberação acerca de nossas escolhas ou a atitude que assumimos diante daquilo que não depende de nós. Como ambas as coisas dependem de conteúdos valorativos, então a questão da felicidade emerge do núcleo da problemática da vida moral, sobretudo se tomada como finalidade do agir ao longo da vida. Alguns filósofos, de pontos de vista distintos, concordarão que a felicidade pode ser compreendida como o bem supremo e o fim último da vida, objeto de aspiração universal. No entanto, a definição em que consiste esse *bem* será variável conforme a escola filosófica.

Sem qualquer pretensão de sistematização, é possível seguir certas direções presentes na reflexão filosófica elaborada no mundo antigo no que diz respeito a alguns aspectos da questão da felicidade:

(1) há uma perspectiva trágica que concebe o destino como fato inexorável. Logo, a felicidade seria exclusivamente limitada por fatores externos, tais como o acaso e tantos outros elementos nos quais nossa liberdade esbarra, dada a limitação da condição humana;

(2) em outro tipo de abordagem, o exercício da virtude cria disposições habituais que permitem, de modo geral, que a ação se realize do melhor modo possível e constitua o bem viver ao longo do tempo, embora sempre haja fatores que a limitem. Há um misto de prazer, bens materiais, saúde etc., que complementa a felicidade, embora a primazia caiba à virtude. Trata-se, portanto, de um modelo "completivo" de felicidade. É o modelo presente nas tradições platônica e aristotélica, guardadas as diversas nuanças e diferenças entre tais escolas e suas respectivas concepções;

(3) um terceiro ponto de vista considera que a vida feliz pouco depende de fatores externos, mas daquilo que está em nosso poder, ou seja, o direcionamento da razão e o cuidado da alma, pois limitá-la pelas flutuações do acaso, das circunstâncias e de complementos externos não seria conceber a felicidade em sentido pleno. Esse modelo é pensado por escolas filosóficas como o estoicismo. A conversão do plano da vida boa para a interioridade estende-se em algumas versões do pensamento cristão.

(4) como contraponto, é possível identificar exemplos de perspectivas que transformam o conceito de

felicidade ou o desvinculam da noção de virtude, substituída pelo dever (Kant [1724-1804]) ou pela utilidade (Stuart Mill [1806-1873]). Em muitos casos, a análise da busca da felicidade diz respeito a ideais de satisfação e plenitude produzidos pela forma como nossos desejos projetam tais aspirações, constituindo um horizonte inatingível (Freud [1856-1939]).

Examinemos um pouco mais de perto essas teses acerca da felicidade no pensamento antigo e nos ecos e rupturas que encontraremos em textos modernos e contemporâneos que dialogam com essa longa tradição.

1. Bem supremo e virtude

1.1. Sabedoria trágica: destino, acaso e caráter

Os antigos gregos narravam a história de um rei chamado Édipo. Ele governava a antiga cidade de Tebas. Certo dia, a cidade foi atingida por uma peste. Todos queriam saber qual era a causa. Então Édipo pediu para que o oráculo do deus Apolo fosse consultado. A resposta foi que era necessário encontrar o assassino de Laio, antigo rei de Tebas, a quem Édipo sucedera. Laio havia sido assassinado quando, passando por uma estrada, ele e sua comitiva deparam com um jovem que, após uma confusão, havia matado a todos. Diante da fala oracular, como governante, Édipo assume a responsabilidade de encontrar o culpado e empreende uma grande investigação, sem sucesso.

Muitos anos antes, o mesmo oráculo apolíneo havia sido consultado por Laio. O que o antigo rei de

Tebas ouvira não era algo sem importância. Laio seria morto por seu filho, que, além disso, ocuparia o leito de sua mulher. Apavorado quando o filho nasceu, o rei tomou logo a providência de afastá-lo. Abandonou-o para que fosse morto. Mas o menino foi adotado pelos governantes de uma cidade próxima e, mais tarde, tornou-se governante de Tebas, tendo se casado com a mulher de seu antigo rei, Laio.

Por uma série de circunstâncias, Édipo ignora que Laio era seu pai e que era Laio que havia sido morto naquela estrada. O jovem referido no caso de assassinato era o próprio Édipo; ele não sabia na ocasião que aquele era seu pai. O oráculo havia dito que Édipo mataria seu pai e se casaria com sua mãe. O círculo estava fechado, a sentença oracular havia se realizado.

O desenrolar desse enredo na tragédia *Édipo rei*, de Sófocles [c. 497 a.C.-406 a.C.], tal como ocorre em outras tragédias gregas, expõe a noção de que o saber humano é limitado e a razão é impotente se carece da sabedoria divina, pois o que está em jogo é a condição mesma do ser humano. O alcance da liberdade esbarra sempre em algo maior, a necessidade a que a tragédia se refere na figura do destino. A noção de destino possui diversos aspectos, dos quais podemos circunscrever: (1) o destino é o inexorável e inapreensível para os humanos, por vezes vinculado à ação do acaso; e (2) diz respeito à incapacidade humana de medir todas as consequências de suas ações ao longo do breve espaço de tempo que lhe é dado pelos deuses ou pela Natureza. Sendo assim, "saiba que não és deus": eis uma das lições centrais repetidas na tradição mítico-poética. É necessário prestar com humildade a devida veneração à sapiência divina, contraponto de sua condição.

Nesse quadro, a emergente reflexão sobre a virtude interrogará se a prudência (por vezes, a virtude principal) não poderá ser um modo de limitar o caráter trágico de nossa existência. Para diversos autores, a potência da articulação entre razão e experiência permite a concepção de que alguma escolha nos é dada e há uma finalidade da vida humana que pode ser realizada mediante tal escolha prudencial.

Esse aspecto pode ser vislumbrado na conclusão da *Antígona*, outra tragédia de Sófocles, cujo enredo é o seguinte: houve uma guerra entre as cidades de Tebas e Argos. O então rei de Tebas, Creonte, havia decretado que os tebanos que haviam sido mortos em batalha contra sua terra natal seriam considerados traidores e seus corpos deveriam permanecer sem sepultura. Quem desobedecesse seria punido com a pena de morte. Polinice, irmão de Antígona, morrera nessa situação. Antígona desobedece ao decreto do rei e, movida de piedade, sepulta seu irmão, prestando-lhe as devidas homenagens, conforme os ritos tradicionais. Ao saber disso, Creonte fica furioso e interroga por que Antígona havia agido daquela maneira. Ela responde que havia obedecido a uma lei maior, provinda de tempos ancestrais, divina e não escrita. Antígona, que era noiva de Hémon, filho de Creonte, acaba sendo condenada pelo governante, apesar das advertências de Tirésias, um adivinho cego e sábio, que prevenira Creonte e o exortara a ser prudente. No desfecho trágico, Antígona é condenada à morte; furioso, Hémon mata o pai. No final da peça, o coro lembra que, para ser feliz, é essencial cultivar a prudência e ser respeitoso com os deuses.

Nessa obra de Sófocles, o termo que designa felicidade (*eudaimonía*) é condicionado pelo termo *phrônesis*, que designa prudência, bom senso, ponderação, mensuração. O exercício da prudência estaria vinculado àquelas escolhas que, na medida do possível, seriam capazes de realizar a vida de modo excelente ou, ao menos, evitar aquilo que seria o pior em certas circunstâncias.

Do ponto de vista filosófico, a questão que se apresentava consistia em saber como aplicar a reflexão, deliberar, tratar das paixões e dispor a vida conforme certas opções fundamentais orientadas por valores. Visto que a vida é breve, que um erro cometido pode trazer inúmeros outros sem que o desejemos e que é preciso deliberar conforme o caso, a prudência torna-se uma disposição interna que, mais do que uma regra moral, é um exercício vital. Sem ela não pode haver felicidade, salvo por acaso. E, como dirá Aristóteles [384 a.C.-322 a.C.], não se pode deixar ao sabor do acaso algo tão importante como a felicidade.

Note-se que a designação de "feliz" não possui o sentido comum que lhe é atribuído, vinculado à alegria subjetiva ou ao sucesso. "Feliz" (em grego: *eudáimon*; em latim: *beatus*) refere-se antes àquele que realizou algo bem, que agiu de modo excelente ou melhor possível em cada circunstância, ou seja, de modo adequado, completo, por isso foi feliz. Por vezes, ainda se diz "foi feliz naquilo que fez". Logo, "feliz" é quem realiza algo com excelência, de modo virtuoso. Por extensão, que vive de modo excelente. Será, portanto, a capacidade do exercício da virtude que definirá a felicidade. Tal excelência (virtude), ou sua ausência, compõe o caráter que se constitui pelas disposições habituais formadas ao longo do tempo. Desse modo, é o caráter que caracteriza o modo de ser de alguém, seu modo de agir, cujas consequências configuram seu "destino". Aqui o "destino" não é mais o inexorável, mas o exercício da virtude abriria um campo da livre ação humana. Tal equação pode ser lida em uma das frases mais ambíguas do pensamento de Heráclito [535 a.C.-475 a.C.], filósofo que viveu antes de Sócrates [469 a.C.-399 a.C.] e Platão [428 a.C.-348 a.C.], da qual uma das traduções possíveis é: "o caráter do homem é seu destino".

1.2. A virtude como excelência da vida

A melhor ação possível em cada caso é a virtude. É necessário compreender que a noção de virtude que opera nesse contexto é a da realização da excelência, ou seja, o melhor modo de realizar determinada ação, conforme seus fins. O termo grego *aretê*, que recebeu a tradução latina de *virtus* (donde o termo *virtude*, em português), diz respeito a essa referida excelência da ação e, por extensão, à excelência da vida. Em outras palavras, por exemplo, se a finalidade do sapateiro é fazer sapatos que sejam adequados a realizar a função que deve normalmente ser a de um sapato, o sapateiro virtuoso será aquele que os faz de modo excelente, ou seja, do melhor modo possível naquilo que caracteriza um bom sapato. Há muitos sapateiros, mas alguns não exercem sua arte com excelência, não fazem bons sapatos. Assim, as excelências ou virtudes do sapateiro são aqueles elementos, tais como a habilidade de suas mãos, o domínio de seus instrumentos e materiais, mas sobretudo o conhecimento dos princípios da arte da sapataria. Isso vale de igual modo para o marceneiro, o arquiteto, o médico. Logo, se tais artes realizam suas virtudes específicas, a arte de viver realiza a excelência da vida. Tal excelência, sendo a realização do melhor na medida do possível, conduz à felicidade (*eudaimonía*). As virtudes são excelências de nossa ação, de modo que permitem a realização do bem para nossa vida.

Tal comparação entre excelência, finalidade e utilidade realizada pela arte seria já um traço marcante do pensamento socrático. É preciso entender aqui a noção de *útil* como designando o melhor possível, conforme a matéria o permite. O útil não diz respeito a algo conveniente (meramente lucrativo), que seria bom por essa razão, mas realiza o bom ao realizar com excelência a finalidade inscrita em cada arte. Há, então, uma *arte de viver*, que seria capaz de nos conduzir ao termo bem realizado, de acordo com o exercício das virtudes, do cuidado, da preocupação com nosso modo de agir, não o deixando apenas ao sabor do acaso ou das paixões, que, ao se tornarem disposições habituais, podem nos conduzir para onde não queremos, tornando-nos escravos em vez de senhores de nós mesmos. Ora, sabemos que é uma arte difícil, pois nem sempre fazemos bem o que queremos. Por tal razão, Sócrates diz ser a aplicação do intelecto tão importante para o conhecimento do que é melhor em cada ação.

Lemos, no diálogo *Eutidemo*, de Platão, que todos os seres humanos desejam ser felizes; não se quer apenas *viver*, mas, como já foi observado, *viver bem*. Com efeito, a aspiração de todos à felicidade era um movente fundamental do questionamento acerca da virtude. No entanto, uma questão elaborada pelo pensamento platônico é que a ação virtuosa não garante felicidade ou fortuna, mas, ao contrário, muitas vezes pode trazer maiores dores e infortúnios mesmo para quem age seguindo princípios e valores. Aqui se coloca um problema: por que agir de modo virtuoso se aquilo que se chama virtude não trará sempre benefícios, mas pode trazer também malefícios? Qual será o critério da ação? A resposta socrática é que o conhecimento e a ponderação em relação à virtude fazem com que se conheça aquilo que é melhor; e ninguém preferirá fazer aquilo que é pior sabendo o que é melhor, ainda que isso não ofereça um resultado imediato. Ora, aquilo que se pensa ser o melhor, como o lucro total ou o prazer sem reflexão, parecem bens maiores, mas podem ser um grande engano caso alguém venha a agir sem nenhuma consideração em relação àquilo que faz.

1.3. O desafio de Trasímaco: o bom e o útil

O questionamento acerca da relação entre virtude e felicidade em Platão pode ser exemplificado na fala de Trasímaco, personagem do Livro I da *República*. Ele oferece uma caracterização do *justo* como aquilo que é vantajoso para o mais forte. A trajetória para essa definição, no início da *República*, havia começado com um diálogo entre Sócrates e um ancião chamado Céfalo acerca dos bens e males da velhice. Ora, esse tema é o que havia conduzido à interrogação acerca do que teria sido uma vida boa, pois terá uma boa velhice aquele que viveu bem, ou seja, que soube viver e bem conduzir suas ações de modo a ser denominado justo. A vida do justo, compreendida como vida virtuosa, pode ser considerada a verdadeira vida feliz.

No contexto, após algumas definições de justiça que se mostraram insuficientes, Trasímaco interpela Sócrates. Diz que as respostas socráticas estariam evitando enfrentar a realidade segundo a qual a justiça é a vantagem ou a utilidade do mais forte. O útil e o bom haviam sido dissociados por Trasímaco na seguinte equação: o bom é o útil, e o útil é aquilo que convém ao mais forte. É para tosquiar as ovelhas que o pastor as pastoreia, para isso serve sua arte, assim como seria para o lucro que o médico cuidaria do paciente. Sócrates responde que a arte tem em si mesma seu fim e que a arte do lucro seria uma outra arte, diferente daquela do pastoreio ou da medicina. O argumento socrático reelabora o círculo, invertido por Trasímaco, ao dizer: o bom é útil, pois é a boa (adequada) realização da finalidade de cada arte (por exemplo, a finalidade do pastoreio é pastorear; da medicina é a saúde), com o acréscimo do conhecimento (reflexão ou *phrônesis*) acerca de tal finalidade, realizando a boa e bela ação. Esse círculo vincula o útil, o belo e o bom.

A necessidade de definir o que é a justiça visa saber se a justiça na alma conduz à felicidade, tal como expressa a questão do final do livro I da *República*, no momento em que, após dialogar longamente com diversos interlocutores e ter refutado Trasímaco, Sócrates conclui por seu não saber, impondo-se a necessidade de uma investigação mais profunda. Aliás, essa é uma característica desse tipo de trajetória socrático-platônica. Lembremos que a justiça é um protótipo de toda e qualquer vida virtuosa, pois há uma identificação entre o justo e o virtuoso. Tudo isso instaura a necessidade de investigação acerca da relação entre virtude (no caso, a justiça) e felicidade.

1.4. Se fôssemos invisíveis, seríamos virtuosos?

Outra consequência das teses de Trasímaco é que o injusto vive mais feliz do que o justo. Seja porque, sendo injusto, pode parecer justo, seja porque os efeitos da ação do injusto são mais favoráveis a ele do que as dificuldades que a ação do justo (ou do virtuoso) apresenta. A vida virtuosa nos oferece mais dificuldades do que prazeres e vantagens. Tudo parece favorecer aqueles que agem de modo mais astuto, visando o bem e o útil para si próprios. Continuando a argumentação da *República*, no início do Livro II, após esse grande desafio imposto por Trasímaco acerca da definição da justiça como virtude fundamental e da pergunta se aquele que é justo é feliz, Gláucon, outro dos interlocutores de Sócrates no diálogo, fará uma apologia da injustiça que prolonga o argumento de Trasímaco. Gláucon argumenta, ainda, que a experiência nos mostra que o injusto é feliz ao ter vantagens e possuir muitas riquezas adquiridas de modo injusto.

Nesse quadro, Gláucon narra um caso exemplar que ilustra outro aspecto do agir injusto. Trata-se da lenda do anel de Giges. Certo dia, ao pastorear suas ovelhas pelos campos, Giges encontra um anel com antigas inscrições. Ao usá-lo, descobre que o anel lhe dá poderes de invisibilidade. Usa esses poderes para seduzir a rainha, usurpar o trono do rei e se tornar um grande tirano. Ora, se fôssemos invisíveis como Giges, ninguém seria justo. Em outras palavras, a injustiça é algo natural de nossa condição, sendo a justiça fruto de coação e vigilância. A problemática é expressa de modo similar em outro diálogo de Platão, o *Górgias*. A personagem Cálicles comenta que a *lei da natureza* é que os fortes prevaleçam sobre os fracos e que o injusto seja mais *feliz* do que o justo.

Na *República*, após a argumentação desafiadora de Trasímaco, serão necessárias muitas mediações, idas e vindas para responder à questão, pois ela impõe um desafio fundamental: afinal, a virtude traz felicidade? Por que ser justo se a experiência trai a promessa da virtude? Será preciso uma longa reflexão acerca da produção do bem, que passa pela educação e pela psicologia e identifica a justiça como bem comum na cidade, a fim de, no plano do indivíduo, retomar em parte a tese socrática original, segundo a qual é a virtude que traz o bem, e não o bem que se identifica com a utilidade ou com as riquezas. No final do Livro IV da *República*, após a justiça na cidade ter sido definida como harmonia entre as partes, cada qual cumprindo sua função de modo equitativo e proporcional, será feita uma divisão das "partes" ou potências da alma. Elas são dimensões identificadas pela constatação de pulsões contrárias em nosso interior, tais como, por exemplo, saber que algo é melhor, mas desejar o contrário. A identificação dessas potências circunscreve uma dimensão do desejo ou potência *apetitiva*, uma dimensão da razão ou *racional* e outra denominada *ímpeto* ou parte *impetuosa*, responsável pela força de agir. Essas três partes configuram a dinâmica e o conflito intrapsíquico. O ímpeto nos impulsiona à ação conforme haja predomínio da parte apetitiva ou da racional. De modo análogo, a justiça será definida na alma como harmonia entre essas partes. Entenda-se aqui harmonia no sentido musical do termo, ou seja, como consonância entre todo e partes. Aquele que possui a alma harmônica é como que um verdadeiro músico.

A música e a ginástica são os dois pilares da educação na cidade ideal da *República* de Platão. Signo do *nada em excesso*, uma das inscrições presentes no templo do deus Apolo, em Delfos, a harmonia nasce da relação equilibrada entre a alma e o corpo, que a educação deve produzir, de modo que, como verdadeira saúde, é gerada e nutrida sob os auspícios de Asclépio, o deus da Medicina. De tal modo, o pensamento platônico não dissocia a vida boa do contexto educacional e político em que ela pode ser gerada.

No diálogo *Górgias*, o argumento era que, ainda que o justo viesse a sofrer todos os tipos de males, sua vida é em si melhor do que a do injusto, pois ela integra o que há de melhor na ação, além de pautar-se por critérios que não são apenas o da satisfação aleatória de necessidades e paixões arbitrárias, que igualmente podem conduzir o indivíduo à infelicidade. Ora, nos Livros VIII e IX da *República*, o gênero de vida justo, que visa o conhecimento do bom e a harmonia de alma, é contraposto à vida do tirano. A tirania não é ali tratada apenas como um fenômeno político, mas também psicológico, visto que o tirano é antes tirano de si mesmo, escravo de sua ambição, de seu desejo desenfreado, mas também do medo contínuo (por exemplo, de ser assassinado, de sofrer uma reação violenta) que é gerado por seu próprio tipo de vida. Haveria um problema a ser posto, ainda que considerássemos mais feliz esse tipo de pessoa, que faz tudo quanto pode fazer, que realiza todos os seus desejos, satisfazendo a céu aberto mesmo aqueles desejos mais obscuros, que a maioria dos homens somente satisfaz em sonho.

No Livro IX da *República*, após um longo percurso dialético, que incluiu o exame das várias formas de governo e dos tipos humanos a elas correspondentes, os interlocutores comentam a necessidade de realizar uma pesquisa sobre os desejos. Tal pesquisa é essencial como estratégia para abordar um gênero de vida que representa o auge da degradação na figura da tirania. Ao comentá-lo, não é apenas uma contraposição com um gênero de vida que tende para o melhor possível, na figura do filósofo, mas o exame dos meandros da alma e dos diversos artifícios e caminhos que os desejos, em suas diversas formas, podem impor. Assim, é preciso traçar correspondências entre almas, desejos e tipos humanos.

Há em nossa alma como que animais de muitos tipos e graus distintos que podem nos auxiliar ou matar, tais como a quimera, um animal imaginário com corpo de cabra, cauda de serpente e cabeça de leão. A alma é um grande labirinto; é como esses animais míticos que possuem muitas cabeças em um único corpo. A questão é a dinâmica que a alma pode assumir pelo hábito, pela educação, por diversas outras circunstâncias. Há também tipos de alma distintos, mais aptos ou menos dóceis à educação ou à razão. Não pode haver uma pura transparência da razão, que comanda soberana, sem alterações. Ao contrário, as partes da alma formam um complexo dinâmico, sempre sujeito ao desequilíbrio.

Na psicologia do tirano, as partes da alma estão em completa desarmonia, predominando apenas aquela dimensão apetitiva. Mas, se a alma, assim como a cidade justa, é um todo harmônico, então o tirano é feliz apenas de modo aparente. Em essência, sua infelicidade é completa. Ainda que a vida do justo, em aparência, passe por infeliz, é mais vantajosa porque realiza de modo objetivo a harmonia da alma, pois estão inscritas em cada uma de suas partes suas respectivas finalidades e sua consonância com o todo. Cria-se, assim, uma disposição harmoniosa, que caracteriza a saúde da alma, tal como o corpo quando em harmonia pela dieta e o exercício. Esse tipo de disposição configura a *eudaimonía*. É em tal dinâmica que se gera a vida feliz, para o indivíduo e para a cidade. Além disso, em sua complexidade, a alma é objeto, portanto, de cuidado e de investigação por toda a vida.

1.5. Aristóteles: *viver bem* e *agir bem*

1.5.1. Questões acerca do método para abordar a ação

Aristóteles faz uma distinção acerca da maneira de tratar eventos físicos ou ciências como a matemática e eventos humanos já no início da *Ética nicomaqueia*. No primeiro caso, tais entidades são regidas pela necessidade, ou seja, não podem ser de outra maneira. Um exemplo é quando faço a afirmação: "Sócrates é mortal" (não pode ser de outro modo), ou quando se enuncia um teorema geométrico. Mas, no caso da ação (*práxis*) e da finalidade (*télos*) da vida humana, a investigação pertence ao campo daquele saber que Aristóteles chama de ciência prática ou ética. A ação e a finalidade, no campo da ética, estão submetidas a uma série de elementos contingentes e a uma grande margem de indeterminação, quer dizer, elementos que são de uma maneira, mas podem ser de outra. Sua variação permite apenas o estabelecimento de certas constantes aproximativas. Por isso, Aristóteles traça considerações metodológicas e delimita um modo específico para esse tipo de investigação. Assim, não se pode tratar o campo da ação humana da mesma forma que tratamos os entes matemáticos ou as leis que regem o mundo físico. Não é possível falar de escolha deliberada, de virtude ou de felicidade da mesma maneira como se faz a demonstração de um teorema geométrico. É diferente, portanto, quando se afirma: "Sócrates é virtuoso." Aqui o campo é do contingente, ou seja, que pode ser de outro modo, pois nada garante que Sócrates será sempre virtuoso, ou ainda, mesmo sendo virtuoso, poderá haver ocasiões em que não seja.

Há uma grande variação na ação humana e a precisão deve ser buscada na medida em que o tema investigado permite. Logo, o conhecimento acerca de elementos como a virtude e a felicidade não pode ser tomado como um tipo de conhecimento exato. A observação acerca do que é "por convenção e não por natureza" diz respeito àquela diferença entre o regime da necessidade e da contingência, pois o que é por convenção está sujeito a uma série de flutuações, de variações, conforme a diversidade de opiniões. Por tal razão, essas opiniões devem ser analisadas em cada caso, sobretudo no que diz respeito à finalidade da vida e à estrutura da ação moral. Aristóteles faz uma clara distinção entre indicar a verdade e demonstrar a verdade.

Tal caráter indicativo supõe que a análise da ação humana deve ser feita caso a caso, considerando linhas gerais e o campo de sua indeterminação. A ética, portanto, é uma ciência inexata. É preciso contentar-se com tal inexatidão, a fim de poder efetuar um juízo que busque o que ocorre "nas mais das vezes". O campo em que os juízos éticos serão emitidos é muito mais o da opinião justificada e examinada em cada caso do que o plano do saber demonstrativo. Aqui encontramos uma das mais marcantes características em relação ao campo da definição da felicidade, pois ela diz respeito a uma grande variação. No entanto, o quadro geral em que ela será tomada é sempre o exercício da virtude.

1.5.2. O bem supremo

Feitas tais considerações metodológicas, no Livro I da *Ética nicomaqueia* Aristóteles investiga como definir a felicidade quando considerada finalidade e bem supremo da vida humana. Ele examina as opiniões gerais e de outros filósofos sobre o que viria a ser esse bem supremo. É possível resumi-las em três grandes posições. A felicidade seria a posse de riquezas, o prazer ou a honra. Além desses três principais candidatos a definir a felicidade como bem supremo, Aristóteles analisa ainda a necessidade de pensar em elementos complementares à vida feliz, tais como a posse dos bens e a ação do acaso.

Seu argumento central consistirá em dizer que prazer e riquezas são complementos úteis à felicidade, mas não são a felicidade, pois são meios e não a finalidade última. Com efeito, os prazeres podem nos escravizar e deixar de ser prazeres, assim como há aqueles que se arruinaram por causa de suas riquezas. Tal como já aparecia na argumentação platônica, não se trata de vincular a virtude a bens externos e ocasionais, ou seja, de nada adianta ter prazeres se não sabemos usá-los, assim como alguém pode ter todo o dinheiro do mundo mas ser imprudente em empregá-lo. Além disso, a questão é que, como já foi dito, tais bens não podem ser tomados com fins em si mesmos. Logo, riqueza, prazer e honra são complementos úteis, mas não são a felicidade. São meios, não são a finalidade última, ou seja, aquilo que deve ser buscado por si mesmo. Tais bens são buscados com vistas a outra coisa, enquanto a felicidade é aquela finalidade buscada por si mesma, é o termo último visado.

Portanto, a noção de autossuficiência ou autarquia será aqui aplicada à felicidade, na medida em que é buscada por si, pois indica uma perfeição como completude, ou seja, não é escolhida em vista de outra coisa. Ora, para que se realize o viver bem será necessário um agir bem, ou seja, ao se conceber a finalidade da vida como boa, é preciso saber que forma de agir molda e realiza tal finalidade. Logo, é preciso examinar a questão da virtude.

1.5.3. A virtude e a felicidade

Felicidade (entendida como bem supremo, viver bem, vida boa) é, para Aristóteles, atividade da alma segundo a virtude, numa vida completa. No Livro I da *Ética nicomaqueia*, ele esclarece que se trata de uma atividade da alma no sentido de envolver o exercício da razão, pois será isso que propriamente define a ação humana: a vida é algo que temos em comum com as plantas; a sensação, também os animais a possuem; mas a atividade da alma racional é própria do humano. Ela é responsável pelo exercício da deliberação que define a virtude. Portanto, a felicidade será uma atividade "segundo a virtude": a virtude será objeto de uma definição particular, como veremos a seguir. Além disso, ao dizer "numa vida completa", Aristóteles complementa essa última consideração dizendo que uma andorinha só não faz primavera, nem um único dia. Isso significa que a virtude é um exercício contínuo; um único dia ou uma única ação não podem definir alguém como virtuoso ou vicioso. Logo, a felicidade concerne à vida humana como um todo. Só podemos denominar sábio aquele que criou o hábito de agir de modo virtuoso ao longo de sua vida. Além disso, não é o próprio indivíduo, mas os outros que dizem se alguém é feliz, pois o reconhecem como prudente e como alguém que conduziu sua vida de modo excelente. O homem prudente, nesse sentido, já tendo percorrido os meandros do bom discernimento ao longo da vida, pode ser qualquer cidadão (que possui qualquer ofício ou desempenha qualquer função), desde que tenha assim vivido.

Com diversas nuanças e diferenças, Aristóteles retomará a lógica da excelência presente em Platão, e define a excelência ou a virtude como a boa realização da finalidade inscrita em determinada ação. Ela é a capacidade de deliberar por uma justa medida, por aquilo que, mediante o exercício do aspecto prático de nossa razão, parece ser adequado e melhor, mais prudente, em cada caso. A ênfase de Aristóteles, no entanto, será na virtude como uma atividade realizada ao longo da vida, bem como no ato do intelecto prático que delibera nas diferentes circunstâncias da ação. Deliberar bem torna-se um hábito da pessoa prudente. Portanto, a virtude é um hábito. O hábito cria uma disposição de deliberar por uma justa medida ao longo da vida. De igual modo, é o que ocorre com as disposições viciosas.

A virtude é uma disposição ou a capacidade de deliberar por uma justa medida, definida como define o prudente. Tal disposição visa a justa medida entre o excesso e a falta. Os componentes dessa concepção de virtude foram objeto de muitas discussões entre os comentadores da ética aristotélica. Em primeiro lugar, trata-se de um hábito ou disposição (*héxis*). As virtudes se adquirem por hábito e repetição, formando o caráter ao longo da vida. O hábito se forma pela repetição dos atos. Logo, a virtude ou o vício são hábitos da alma, que geram o caráter. Em segundo lugar, há outros dois componentes da definição que constituem dois vetores da teoria aristotélica da ação virtuosa: a) a deliberação (*proáiresis*), ou seja, o cálculo de prós e contras com vistas à ação; b) a justa medida ou mediania (*mesótês*), isto é, um meio-termo entre dois extremos. Seria uma posição central em relação a dois pontos. Assim, por exemplo, a coragem é uma virtude porque é o meio-termo entre a covardia e a temeridade; a temperança é um meio-termo entre o excesso e a falta (no comer e no beber, ou no consumir, por exemplo). A *proáiresis*, literalmente, significa escolher uma coisa antes de outra (*áiresis* = escolha), portanto, é uma categoria-chave para a compreensão da noção aristotélica de virtude. A virtude é o hábito de deliberar e moderar o desejo pela razão, instalando um equilíbrio entre eles. Trata-se de escolher bem, visando um meio-termo, em cada ocasião que se apresenta à nossa escolha. Todas as virtudes são excelências na ação precisamente nesse sentido, pois em cada ação há uma maneira pior, excedendo-se ou agindo com uma inclinação apenas passional, e uma maneira melhor de agir, deliberando e escolhendo o meio-termo. Por exemplo, retomando o exemplo relativo à temperança: no ato de comer e beber, há sempre uma forma excessiva (comer demais), uma forma deficiente (não comer ou comer pouco): ambos poderão prejudicar a saúde, causar males e provocar outros vícios. Mas a melhor forma de agir é escolher bem, ou seja, nesse caso, comer bem (de modo a satisfazer-se, ter prazer e manter a saúde). Assim, o agente terá sido temperante.

Além disso, a justa medida é sempre relativa à medida ou determinação do prudente. Isso não deve ser confundido com nenhuma forma de relativismo; a ação virtuosa depende das considerações a propósito do caso particular e daquilo que, nesse caso e em relação ao agente, é para ele um meio-termo no momento da ação. Por exemplo, no comer e no beber, cada um tem uma medida diferente em relação ao que é para si o excesso. Tudo depende das circunstâncias de cada agente no momento da ação temperante, pois a virtude da temperança é uma só, mas o modo pelo qual ela se realizará conforme cada agente é diverso. Nesse sentido, alguém pode estar sendo temperante comendo duas vezes (pois não fez a refeição anterior ou isso está de acordo com sua fisiologia) em relação à outra pessoa, para quem comer dois pratos é um excesso. Um atleta talvez precise comer duas vezes e não será temperante se comer menos; alguém não atleta será intemperante se comer duas vezes, pois isso pode ser excessivo se sua constituição física não o requerer. O mesmo vale para casos muito delicados como a ação colérica, por exemplo. A cólera ou ira é uma das paixões mais terríveis que atingem a alma humana. Mas, em determinadas circunstâncias, agir sem cólera torna alguém pusilânime, pois se omite em relação a uma ação que demanda energia. No entanto, é sempre difícil, como nota Aristóteles, determinar com precisão o limite e a medida de tal ação, já que, em geral, agir de modo irascível ou colérico é um vício.

Note-se que não se trata de um domínio violento das paixões, pois elas sempre estarão presentes nas mais diversas modalidades de ação. O domínio que a razão ou a parte racional da alma exerce sobre elas não é de tipo repressivo, mas "político" ou "pedagógico", ou seja, exerce persuasão e progressiva educação das paixões pelo hábito. Platão já havia dito algo no mesmo sentido nos Livros VIII e IX da *República*, ao criticar a *timocracia* como regime baseado na disciplina repressiva, e ao analisar a psicologia do tirano e valorizar a prudência e a experiência na vida moral. Por tais razões, a prudência, como capacidade de escolher com bom senso ou segundo uma justa medida, será uma virtude fundamental, presente em toda a ação virtuosa. Aristóteles dedica muitas páginas ao estudo das paixões e dos vícios provindos de sua atuação sobre a alma. A ética sempre está vinculada tanto a uma psicologia das paixões quanto a uma análise da alma que levará em consideração suas distintas dimensões, tal como Platão já havia feito.

1.6. A dupla face da prudência

A tradição iconográfica representa a prudência como uma figura de duas faces: uma de idade madura, longas barbas, penetrada de reflexão; outra como uma jovem cheia de frescor, aberta à ação audaciosa, mas moderada. Por comportar características tão diversas, um único semblante não seria capaz de exprimir a prudência.

Vimos que a felicidade, tomada como finalidade e bem supremo da vida humana, é identificada por Aristóteles com o exercício da virtude numa vida completa. Ora, há várias virtudes, mas uma virtude central, presente no exercício das outras virtudes, é a prudência.

Ao longo da história, muitos filósofos, como Alexandre de Afrodísia [170-230] ou Santo Tomás de Aquino [1224-1274], comentaram a noção aristotélica de prudência. É possível esboçar uma síntese dos principais atributos da virtude da prudência tomando como guias o Livro VI da *Ética nicomaqueia* e o tratado da prudência presente na *Suma teológica*, de Tomás de Aquino. Nesse texto, Santo Tomás cita a etimologia do termo *prudente* de acordo com o registro de Isidoro de Sevilha, como designativo daquele que vê longe (*porro videns*), pois possui visão aguda e a capacidade de antever as possibilidades que podem ocorrer nas diversas situações. A característica fundamental das situações que envolvem deliberação é sua contingência, ou seja, o fato de poderem ser de uma maneira ou de outra, conforme o tempo e as circunstâncias. Logo, é preciso deliberar caso a caso.

1.6.1. Componentes da prudência

• *Discernimento*

No Livro VI da *Ética nicomaqueia*, a prudência será analisada de modo particular, no quadro da capacidade de deliberar bem sobre o que é bom e conveniente. Ela conduz ao discernimento do que constitui uma vida boa em geral. Tal sabedoria permite, portanto, um cálculo adequado que possibilita, nas mais das vezes, evitar o erro. Aristóteles observa que muitos são dotados de grande sabedoria teórica, tais como os filósofos Tales ou Anaxágoras, mas que podem não possuir sabedoria prática, na medida em que ignoram o que lhes é conveniente e vantajoso. Podem saber coisas divinas, admiráveis e difíceis, porém não deliberar bem sobre as coisas humanas. É acerca dos assuntos ou coisas humanas (não divinas) que versa a deliberação prudencial. A obra ou função do homem dotado de tal sabedoria é deliberar bem, de acordo com a ocasião e o momento oportuno. Daí também a importância do tempo e da experiência na deliberação.

Prudência é discernimento. É, como comenta Tomás de Aquino, a reta razão aplicada ao agir. Discernir é dividir, analisar as partes e sintetizar com vistas à ação, caso a caso. Embora o número de casos seja infinito e nossas decisões, oscilatórias e incertas, por meio da experiência que vai sendo adquirida no discernimento prudencial, que combina razão e emoção, é possível reduzir o grande número de casos a alguns casos finitos que ocorrem com mais frequência e generalidade. Seu conhecimento é necessário, mas também suficiente para o exercício da prudência, como diz Tomás de Aquino.

O discernimento é uma arte das mais difíceis, pois define o teor de nossas escolhas morais e de nossas opções fundamentais, que, afinal, circunscrevem as linhas gerais de nosso gênero de vida. Para Tomás de Aquino, a aplicação da reta razão ao agir não pode ocorrer sem a retidão da vontade, ou seja, o visar o bem de cada ação. Nesse sentido, a prudência não é apenas uma virtude intelectual, mas deve contar com a correção da vontade. Deve-se considerar, desse modo, o ato fundado na razão, mas que toma o reto juízo aliado à reta disposição dos meios para atingir dada finalidade. Não se deve tomar o poder da razão como absoluto, mas sempre no quadro de muitos limites.

A dinâmica do discernimento moral e da consolidação da virtude em deliberar por uma justa medida é o cerne da teoria aristotélica da virtude. Minha ação terá sido virtuosa se resultar da escolha prudente pela justa medida. Tal escolha supõe a deliberação por meio da mediania e do desejo do bem (que Tomás de Aquino chama de vontade reta). É nesse sentido que a reta razão aplicada ao agir deve contar com a boa vontade ou o desejo que visa um bem. Ela supõe ainda a rapidez e a sagacidade para agir bem. Trata-se da solicitude.

Santo Tomás comenta o sentido da *solicitude*, dizendo que esse termo significa a característica de alguém *solers et citus*: sagaz e rápido.

• *O papel da memória das experiências*

O papel da memória possui grande importância no exercício da sabedoria e na aplicação do discernimento. É necessário ter condições de comparar as experiências passadas em relação às decisões que se apresentam no presente. Logo, a memória é um constitutivo da experiência. Sem ela, não há como estabelecermos a cadeia de acertos e erros, dores e prazeres que compõem o fio de nossa história pessoal. No entanto, trata-se de uma articulação complexa entre a memória e a aplicação da razão prática como capacidade de medir, calcular, dividir e separar experiências. Experiência, aqui, é experiência de vida.

No Livro II da *Ética nicomaqueia*, Aristóteles nota que as virtudes requerem educação, experiência e tempo. Além disso, é preciso saber observar e ouvir os sábios e pessoas mais experientes; nesse sentido, a amizade com uma pessoa prudente é algo significativo para o desenvolvimento do aprendizado moral. É essencial aprender com a experiência daqueles que já foram testados pelas provas diversas que as vicissitudes da vida impuseram. Tal experiência não se refere de modo exclusivo à idade cronológica, embora ela seja importante na medida em que o tempo pode fornecer mais critérios de discernimento. Trata-se antes de maturidade na capacidade de decidir. Aristóteles notava que o jovem é deveras afetado pelos seus impulsos e paixões, de modo que observar e ter a amizade de alguém mais prudente é um componente de seu aprendizado. No entanto, há aqueles que são idosos, mas que se comportam como jovens imprudentes; e há aqueles que são mais jovens, mas agem de modo sensato e maduro. Uma possível objeção, no entanto, seria questionar se não seria necessário já ser prudente para buscar o conselho de alguém prudente. De qualquer modo, há um campo constitutivo de aprendizado contínuo, cuja síntese é dada em nosso fluxo vital, visto que nos é exigido sempre escolher e agir de modo valorativo, ou seja, evitando o excesso e a falta e visando à ação boa, conforme a experiência adquirida.

Por essa razão, Aristóteles também fala do exercício da prudência com base no caso dos artesãos e dos juízes. A capacidade de estabelecer relações e analogias entre casos, elaborando conjecturas, é um dom dos artesãos mais habilidosos, ou seja, daqueles que exercem suas respectivas técnicas com maestria e excelência. De igual modo é a capacidade do bom juiz na arte de julgar diferentes casos, discernir suas especificidades com equidade diante da generalidade das leis. Igualmente, faz parte do ato prudencial a capacidade de elaborar conjecturas razoáveis diante das experiências passadas e dos casos presentes. A prudência não é algo que se exige apenas dos bons juízes nos tribunais, mas de toda pessoa nas mais diversas circunstâncias. É o tribunal da vida que exige a arte de julgar. O prudente habitua-se nela.

• *Indeterminação e experiência*

Do ponto de vista aristotélico, como vimos, não se deduzem elementos da ação humana assim como se pode deduzir um teorema geométrico. Esse tipo de aspiração foi muito posterior na história da Filosofia. Caracterizou o racionalismo clássico (séculos XVII e XVIII) e, em certa medida, ao supor um cálculo de prazer e dor, de utilidade e mal menor, também do utilitarismo (século XIX). No caso da filosofia aristotélica, a vida humana é marcada pela inexatidão. A reflexão acerca da felicidade, portanto, é igualmente inexata, circunscrita por uma série de variantes e elementos complementares. Algumas considerações de Aristóteles são muito significativas no que concerne à possibilidade do exercício da virtude, sem desconsiderar os limites da ação humana, que é contingente por definição.

Nesse sentido, a ação do acaso é elemento essencial na consideração da possibilidade da vida feliz. O caso de Édipo é modelar. Trata-se da difícil equação entre a impossibilidade de previsão total e da previsibilidade possível. De qualquer forma, nas mais das vezes é possível medir se conseguiremos realizar uma ação, se teremos meios de levá-la à conclusão, se devemos evitar um confronto por sermos mais fracos ou por já sabermos do não sucesso da causa. É também um elemento de prudência que ninguém seja arrogante, dizendo que jamais será afetado por determinados eventos que observa em outras pessoas, pois o que atinge a uns hoje poderá atingir a outros amanhã.

Por outro lado, no pensamento antigo, torna-se vital identificar a oportunidade certa para realizar uma ação ou tomar uma decisão. Uma vez perdido, o momento oportuno não volta. Saber, portanto, perceber a ocasião propícia que se apresenta é também um critério de discernimento prático. Por exemplo, convém saber identificar o momento certo para fazer um pedido, para se reconciliar com alguém, para tomar uma decisão em certas dimensões da vida etc. A esse momento adequado ou ocasião propícia os gregos chamavam de *kairós*.

A trama da existência é dada pela relação entre aquilo que é e o modo como as coisas deveriam ser, tanto no sentido de nossas aspirações individuais quanto no sentido moral. Assim, ser precavido e buscar certa estabilidade são úteis ao bem viver. Isso se vincula à virtude da coragem, já abordada por Platão no Livro IV da *República*.

Coragem significa constância (por exemplo, em seguir determinado caminho ou permanecer em certo estado ou lugar) e fortaleza (determinação para encarar certas ações e situações). Por exemplo, para estudar uma língua necessitamos de constância e assiduidade em acompanhar aulas ou ler o que é preciso e fortaleza para realizar o estudo com atenção, fazendo exercícios muitas vezes cansativos. A coragem, na *República*, compõe um conjunto com outras virtudes que a tradição filosófica chamou de virtudes cardeais: além da coragem, a temperança (moderação nos apetites e desejos, não apenas físicos), a sabedoria (saber aplicar bem a razão) e a justiça (realização da harmonia e da proporção). Mas a coragem também requer precaução, previdência, visto que toda e qualquer deliberação é sobre o contingente. O contingente, como já foi visto, é aquilo que pode ser de outro modo. Dada, portanto, sua inexatidão ou seu caráter aproximativo, é necessária a previdência, que se aprende pelo exercício e treinamento da virtude.

2. A escolha de Héracles

Conta-se que no início da vida do herói Héracles (Hércules nas línguas românicas) apresentaram-se diante dele duas belas jovens. Uma delas tinha uma expressão séria; a outra estava ricamente vestida e era voluptuosa e vaidosa. A primeira representava o difícil e austero caminho da virtude; a segunda, a bela e fácil trilha do prazer. Esta lhe diz que seu caminho seria o mais fácil, lhe traria o que há de melhor e mais belo, não teria trabalhos, mas apenas lucro em qualquer situação. O jovem herói pergunta seu nome e ela responde que seus amigos a chamavam de *Felicidade*, ao passo que seus inimigos, para a difamarem, davam-lhe o nome de *Maldade*.

A outra jovem, chamada *Virtude*, também se aproxima de Héracles e diz que, conhecendo sua procedência e educação, tem esperança de que seguirá seu caminho e será artífice das mais belas obras da virtude.

Diz que não irá enganá-lo com promessas de puro prazer, mas dirá a verdade acerca da exigência feita pelos deuses em relação a tudo o que é belo. Todas essas coisas são repletas de trabalho e nada de belo e bom se obtém sem esforço, nas artes, na política, nas diversas atividades da cidade. Mesmo o corpo, para ser forte, precisa ser habituado a submeter-se à inteligência e ao exercício com esforço e suor. Note-se, aliás, que a jovem faz eco a um antigo adágio grego, também repetido por Platão na *República*, que diz: *as coisas belas são difíceis*. A outra jovem interrompe, dizendo que o caminho proposto dessa forma seria demasiado longo e penoso e que o seu seria melhor, mas a Virtude responde que aquela que se denominava Felicidade sequer sabia de fato o que seria o prazer. No dizer da jovem Virtude, a jovem Felicidade não espera pelo desejo dos prazeres, porque antes de desejar já os satisfaz, comendo antes de ter fome e bebendo antes de ter sede. Héracles escolhe a jovem Virtude, o que manifesta o caráter heroico com que enfrenta os trabalhos que supera em sua trajetória.

Essa imagem ilustra a escolha em relação à virtude e ao prazer que constituiria a felicidade conforme cada uma dessas escolhas. A narrativa é feita pelo sofista Pródico, personagem da obra *Memoráveis* (ou *Ditos e feitos memoráveis de Sócrates*), escrita por Xenofonte [430 a.C.-355 a.C.]. Ela ocorre no contexto em que o autor apresenta seu mestre Sócrates interrogando e dialogando acerca de diversas questões relativas ao modo como a vida pode ser conduzida da melhor maneira possível.

A escolha de Héracles é usada como imagem para a investigação da seguinte questão: É o prazer ou a virtude que conduz à felicidade? São elementos que se complementam ou são mutuamente excludentes? No início da *Ética nicomaqueia*, Aristóteles referia-se ao prazer como aquilo que define a felicidade segundo a opinião de muitos, mas que é também uma tese defendida por diversos filósofos. Assim, em diversas escolas filosóficas se desenvolverá uma discussão acerca da relação entre felicidade e prazer. Vejamos algumas dessas teses, que podemos dividir em dois grandes eixos: um que dissocia virtude e prazer, conferindo primazia à satisfação imediata dos sentidos, dado que a vida humana, sendo material, restringe-se apenas à sensação; outro que concebe o prazer como complemento da virtude e o associa ao conhecimento.

2.1. Cálicles, ou o prazer como finalidade

No diálogo *Górgias* e no primeiro livro da *República*, Platão elabora diálogos em que os interlocutores de Sócrates apresentam argumentos favoráveis a algumas teses que não apenas desvinculam a felicidade do exercício da virtude, mas dizem ser mais feliz e bem afortunada a vida não virtuosa, voltada à vantagem e ao prazer. A certa altura do *Górgias*, após o personagem Górgias, mestre de retórica, ter apresentado os argumentos a favor de sua arte, Sócrates dialoga com seu discípulo Polo. Logo depois, Sócrates passa a dialogar com um jovem chamado Cálicles. Nesse ponto é que será apresentado o maior desafio a Sócrates acerca do que define a felicidade e em que sentido ela pode ser associada à vida virtuosa. Ou, ainda melhor, que tipo de definição pode ser dada à virtude. Ora, a postura de Cálicles é afirmar que a vida boa é sempre obter o máximo de lucro e retirar o quanto possível de prazer em todas as situações.

Diante de tais afirmações, Sócrates, no diálogo *Górgias*, havia argumentado que seria preciso saber o que tais pessoas são em relação a si próprias. Ou seja, se governam a si próprias ou se são governadas; se possuem o senhorio de si mesmas. Tal autodomínio diria respeito a ser temperante no modo como lidam com os prazeres e paixões. Mas Cálicles ironiza, dizendo que Sócrates fala de imbecis e os chama de temperantes. No seu dizer, quem quiser viver bem deve deixar crescer à vontade suas paixões, sem as controlar, e, por maiores que elas sejam, deverá ser capaz de as satisfazer graças à sua coragem e inteligência, dando-lhes tudo aquilo que desejarem. A vida de delícias, a intemperança e a liberdade sem freio, quando favorecidas, seriam a virtude e a felicidade. O resto não passaria de palavras bonitas e convenções contrárias à Natureza, tagarelice estúpida sem qualquer valor.

Cálicles, portanto, identifica o justo, belo e bom com um conceito de *útil* radicalmente vinculado à satisfação do prazer (em grego, *hedonê*, donde o termo *hedonista*), desprovida de qualquer reflexão, salvo o cálculo que alguém pode fazer para melhor desfrutar de tudo. A saciedade dos desejos, de tal modo concebida, no entanto, não é acessível à maioria. É necessária uma virtude própria para tal vida, que, em geral, é censurada como subterfúgio para ocultar a própria fraqueza daqueles que a criticam. Declara-se que a intemperança é vergonhosa a fim de que os mais fortes e bem dotados pela natureza sejam dominados e escravizados. Esse tipo de censura é uma astúcia dos mais fracos devido à sua impotência em dar vazão às suas paixões e saciar seus desejos. Seria por covardia que louvam a temperança e a justiça. Ora, para aqueles que são mais fortes, o excelente é o contrário: a moderação é algo vergonhoso, pois, ao poderem desfrutar todos os bens da vida, sujeitam-se à lei da maioria. A beleza da justiça e da temperança os faria desgraçados, privando-os da liberdade, aqui entendida como autossatisfação e potência.

A essa contundente argumentação de Cálicles, que não se deixará convencer do contrário, Sócrates apresenta o exemplo de dois gêneros de vida, o daquele que é moderado e o do imoderado, comparando-os com dois homens que possuem, cada qual, um conjunto de tonéis de vinho a serem preenchidos. Os tonéis de um deles estão furados e deve enchê-los incessantemente, ao passo que aquele cujos tonéis não estão furados, ao preenchê-los uma vez, não tem mais preocupações e poderá cuidar de outras coisas. Assim seriam as vidas do temperante e do intemperante. A paixão e a saciedade do prazer são como tonéis furados, que escravizam quem tenta preenchê-los continuamente, sem sucesso. Sócrates pergunta, então, a Cálicles, qual dos dois parece mais feliz.

Cálicles não se convence e argumenta ainda que o estado descrito por Sócrates seria aquele de um cadáver ou de uma pedra. No ser humano, as pulsões do prazer são elementos vitais e demandam contínua saciedade. Logo, como moderação dos prazeres, a vida feliz segundo Sócrates seria a de uma pedra. Depois de encher os tonéis, não teria mais alegrias nem tristezas. Os tonéis são a imagem da alma e seus impulsos, que dão vazão à dimensão dos desejos na qual habitam as paixões. A infelicidade, na resposta socrática, seria dada na medida em que sua natureza é insaciável, pois a alma dos imprudentes é semelhante a um crivo que tudo deixa escapar pelos buracos, por insegurança e esquecimento. Tudo gira em torno das posições em conflito em relação ao que se entende por temperança/intemperança; vida feliz/vida de uma pedra; saciedade/insaciabilidade.

Se Trasímaco havia argumentado pela identificação entre justo e útil, visto ser o bem aquilo que é mais vantajoso ou conveniente, Cálicles vincula a vida feliz ao prazer sem moderação como expressão da força; logo, de uma virtude de caráter excepcional (reservada a poucos), sendo a moderação a vida de uma pedra ou de um cadáver. O problema platônico não será perguntar se a vida demanda ou não essa dinâmica do desejo e sua saciedade, mas sim como trabalhar e reagir a tal dinâmica para que ela se realize do melhor modo possível, dados sua força e seus limites. Em suma, como agir com moderação, de maneira que possamos agir bem e viver bem. Trata-se ainda de saber ter prazer, que também é um aprendizado compreendido na busca da vida boa.

Além disso, quando interrogado acerca de Arquelau, tirano cruel, que era considerado o homem mais feliz do mundo, Sócrates diz que somente poderia responder se soubesse que ele fora sábio e virtuoso. Somente esses podem ser chamados de felizes, pois os iníquos são infelizes; e Arquelau não é feliz se for injusto. Aquele que se encontra no cuidado em relação a si mesmo e na aplicação da reflexão, visando a moderação e a coragem, será feliz. Por isso, ainda que o justo venha a sofrer todos os tipos de males, sua vida é objetivamente melhor que a do injusto, que é dissoluto e não pode ser amigo nem de si, nem dos outros, nem dos deuses. É, pois, preferível sofrer uma injustiça do que cometê-la, comparando os tipos de vida do justo e do injusto.

Nesse sentido, não se pode considerar feliz alguém que tenha cometido vários crimes, como roubar e assassinar, e esteja desfrutando de seus resultados sem nenhuma punição, com a sensação de ser feliz. Ora, a felicidade não está na sensação, que é ambígua, mas na ação virtuosa, própria de quem pode medir suas ações. A menção à vida de diversos tiranos, aliás, é recorrente no exemplário de textos filosóficos de diversos autores e remete à ideia comum de que seriam felizes aqueles que possuem todos os bens e todo o poder. Mas cabe perguntar se de fato são felizes, ou melhor, em que sentido se emprega aqui a palavra "felicidade".

2.2. Prazer e reflexão

2.2.1. Uma via mista

O que é ter prazer e como isso se vincula à vida feliz é uma questão tratada por Platão em diversos momentos de seus diálogos, pois o prazer, de fato, é uma das forças mais poderosas da vida humana. Além da discussão no diálogo *Górgias*, a obra *Protágoras* aborda o prazer em relação ao saber. Diante da tese de Protágoras segundo a qual o prazer reside no saber calcular o prazer, visando o máximo de prazer e mínimo de dor, Sócrates argumenta que o saber diz respeito ao bem, mas sobretudo que a questão é encontrar a reta medida. A ação à qual se aplica o saber como medida resulta de uma arte da medida que permite a diferença valorativa entre melhor e pior em relação ao prazer, de acordo com a aplicação do saber.

Como vimos, no Livro IX da *República*, no quadro do exame do fenômeno da tirania, Platão traça uma tipologia de atitudes relativas ao prazer. Ao examinar as várias formas de prazeres (naturais, necessários, não necessários e suas combinações e variantes) são identificados três tipos de homens: o amigo do lucro (para quem nada se compara com o lucro), o ambicioso (visa honrarias e poder) e o filósofo, que sabe discernir entre os prazeres em comparação com o prazer de conhecer a verdade e reencontrar esse prazer na busca contínua de conhecimento. Ele adquire experiência pelo prazer que advém da verdade e considera-o melhor que aquele que advém do lucro ou do poder. De tal modo, conhecendo os outros prazeres, o filósofo tem o conhecimento do prazer da contemplação. Todos têm experiência do prazer, segundo Platão, mas apenas o filósofo consegue saborear o prazer que a contemplação do ser propicia. A experiência desse prazer, que é o maior prazer de que o ser humano é capaz, é o critério de distinção entre aquele que é dominado pelos prazeres e aquele que deles sabe fazer um uso que os torna senhores e não escravos de si mesmos. Tal prazer é o mais doce porque é o da parte da alma com a qual aprendemos (a inteligência); e o tipo de vida mais doce é aquele no qual esta parte comanda. Notemos o uso platônico do termo *doçura*, um conceito muito presente no vocabulário filosófico grego, que aqui implica uma forma de vida formada com suavidade e hábito, não com violência e imposição.

Logo, é a experiência, aliada à reflexão, que é capaz de fornecer um *critério* para a boa ação, isto é, a melhor ação possível ao longo da distensão do tempo. Isso constitui o hábito ou a disposição, vinculada às opções fundamentais que definem o gênero de vida voltado para aquilo que é melhor, ou seja, a busca dos bens e prazeres verdadeiramente estáveis.

Os prazeres do corpo e os da alma devem ser dispostos conforme seu uso. Trata-se substancialmente de saber como podemos controlar os prazeres, não para reprimi-los, mas para deles fazer o melhor uso. Logo, o prazer é um aliado da vida feliz. A discussão é retomada por Platão no diálogo *Filebo*. Ali será dito que tanto aqueles que defendem a felicidade apenas como o uso da razão quanto aqueles que a tomam apenas como o prazer deveriam justificar suas teses, mas encontrariam muitas dificuldades para tanto. De tal modo, a vida boa será definida como misto de prazer e reflexão.

2.2.2. Prazer e justa medida

Para Aristóteles, como vimos, o prazer, tal como a riqueza e a honra, seria para muitos uma das definições da vida feliz. Alguns filósofos materialistas afirmam tal prevalência do prazer porque a vida humana se reduziria às sensações. No entanto, assim como é o caso de seu juízo acerca da riqueza e da honra, o prazer não pode ser tomado como bem supremo, mas como complemento da felicidade, visto ser ele um meio e não um fim. A busca dos prazeres é aquela da maioria, mas Aristóteles compara com uma vida bestial esse tipo de busca do prazer sem qualquer discernimento. No Livro I da *Ética nicomaqueia*, ele recorda a figura do lendário rei assírio Sardanapalo, que reaparece em textos de outros autores (em Cícero [106 a.C.-43 a.C.], como veremos), célebre por sua vida voluptuosa.

Aristóteles dedica à questão do prazer dois tratados na *Ética nicomaqueia*: Livro VII, 7-14, e Livro X, 1-6, nos quais discute teses negativas, que dizem ser o prazer algo completamente prejudicial e limitador da vida humana (como pensava um filósofo platônico chamado Espeusipo), além de teses hedonistas (cuja principal referência é Eudoxo, para quem o prazer é a finalidade da vida). São teses que, em certa medida, se aproximam daquelas defendidas por Cálicles; no entanto, elas possuem maior elaboração filosófica, visto ser Cálicles uma figura representativa de certo hedonismo difuso e menos reflexivo.

Tal como ocorre em Platão, Aristóteles toma o prazer como um elemento poderoso: a pulsão do prazer é um ingrediente da vida boa; no entanto, pode nos levar a um enorme desequilíbrio. É preciso saber fruir dos prazeres para que sejam efetivamente prazeres. Logo, de um lado, os prazeres são forças constitutivas da vida; de outro, podem ser algo nocivo e danoso. Esses dois elementos já se inseriam nas abordagens mais antigas do prazer.

Contra Espeusipo, Aristóteles pode observar que aquilo que se faz com prazer é feito de um modo melhor e com maior facilidade (por exemplo, quando estudamos com prazer). Contra Eudoxo, além de observar que sua própria vida de homem sábio e moderado contradiz sua teoria, Aristóteles desenvolve, na esteia de Platão, uma noção de prazer como fruição moderada e que deve integrar a reflexão. É preciso avaliar uma justa fruição dos prazeres sensíveis aliados ao uso do intelecto. Em outras palavras, o prazer não dispensa a temperança, mas esta não se caracteriza como uma espécie de aniquilação do prazer. A verdadeira virtude integra o prazer. Aliás, Aristóteles nota que a vida boa é prazerosa e comenta ainda um prazer supremo, o prazer intelectual.

Há outro aspecto que pode ser recordado no quadro psicológico-moral em que o prazer e a virtude são abordados. Ele se concentra no uso dos termos *enkráteia* e *akrasía*, que podem ser traduzidos por *continência* e *incontinência*. Trata-se de um par conceitual que já possuía uma longa história nos filósofos anteriores a Aristóteles, notadamente em Sócrates e Platão. Continência significa o uso adequado dos prazeres e o exercício da virtude à medida que a razão, ao identificar o que é melhor ou pior, consegue persuadir o desejo, o que resulta na ação correta. Incontinência, ao contrário, indica o agir sem controle, o fazer o que é pior mesmo quando se sabe o que é melhor; é saber o que é certo e fazer o que é errado, saber o que é melhor, mas fazer o que é pior. Essa dinâmica está em muitos casos ligada à pulsão do prazer. Por exemplo, quando exagero no comer e no beber, sabendo que isso será prejudicial à minha saúde.

A rigor, para Sócrates, segundo o testemunho de Aristóteles, o fenômeno da incontinência não seria possível, pois, como vimos, se alguém sabe de fato o que é melhor para si, não escolherá o que é pior. A virtude resultaria do conhecimento; e o vício, da ignorância. Se conheço a virtude, não agirei de modo contrário. Daí a necessidade da busca do conhecimento das paixões e das virtudes de modo que possamos agir em conformidade com tal saber. Essas teses socráticas reaparecem em diálogos platônicos como o *Protágoras*, mas no Livro IV da *República* a situação adquire outra configuração. Nesse texto, ao comentar a tripartição da alma, os interlocutores do diálogo fornecem um exemplo para ilustrar o que ocorre quando a parte apetitiva da alma se antepõe à parte racional, mesmo que esta saiba o que é melhor fazer em dada circunstância. Narra-se o episódio de um certo Leôncio que, um dia, ao voltar por fora dos muros da cidade, depara-se com uma montanha de cadáveres decapitados. Começa uma luta interna: a razão lhe diz para não olhar, mas o desejo quer que olhe. Por fim, o apetite triunfa e ele olha para aquele horrível espetáculo.

Tendo em vista todo esse quadro de temas tratados, Aristóteles dedica a primeira parte do Livro VII da *Ética nicomaqueia* à questão da incontinência. Ao contrário do que pensava Sócrates, parece ficar claro que há uma debilidade do intelecto diante da ação pontual de certas paixões; o fenômeno da incontinência é algo que compõe a vida moral. Assim, a incontinência é algo característico da vida virtuosa; o ser humano nem é excepcionalmente mau ou bruto, nem divino. Sempre transparece esse tipo de tratamento da vida moral em Aristóteles, que a toma com base no ordinário ou mediano e não no excepcional. Isso é concorde com a própria metodologia da ética aristotélica, como veremos, que opera no campo do que ocorre "nas mais das vezes". Nesse sentido, não cabe julgar, no tocante ao exame da ação moral, tipos de atitudes em casos excepcionais, mas antes aquilo que ocorre em geral e na média ordinária dos atos humanos.

Para Aristóteles, o fenômeno de conhecer o que é adequado fazer, mas agir de modo contrário, é possível, portanto, no campo da ação moral ordinária. Isso ocorre na medida em que existe a possibilidade de o desejo estar em desarmonia com o saber, de modo que o domínio persuasivo que a faculdade racional exerceria sobre a apetitiva não se realiza. Esse conflito se dá no interior de diversas ações e circunstâncias. Cabe notar, no entanto, como complemento, que não será *um* ato vicioso ou virtuoso que torna alguém provido de um vício ou de uma virtude, mas é a repetição dos atos de modo contínuo que torna alguém vicioso ou virtuoso. Logo, trata-se das disposições que articulam a vida cotidiana, que se distendem no tempo e na experiência vital.

2.2.3. Saber discernir os prazeres

Conhecida como *Carta sobre a felicidade*, a *Epístola a Meneceu*, de Epicuro [341 a.C.-271 a.C.], oferece diversos conselhos a seu destinatário, dando-lhe direções para que possa aprender a distinguir entre o que está em seu poder e aquilo que não está, fazendo-o refletir sobre as causas da perturbação da alma que impedem a vida feliz. O início da carta prepara o caminho para que Epicuro comente as diversas fontes de perturbação. Recomenda Epicuro que ninguém hesite em se dedicar à Filosofia quando é jovem, nem se canse de fazê-lo depois de velho, porque ninguém é demasiado jovem ou demasiado velho para alcançar a saúde da alma. Quem afirma que a hora de se dedicar à Filosofia ainda não chegou, ou que ela já passou, é como se dissesse que ainda não chegou ou que já passou a hora de ser feliz.

Epicuro diz que é preciso aplicar a reflexão como elemento de diferenciação entre os desejos (naturais e vãos). É preciso saber ainda que, entre os desejos naturais, uns são necessários, outros, não. Entre os necessários, uns são requeridos para a felicidade; outros, para o bem-estar do corpo; outros, ainda, para a vida. Nesse sentido, surge o tema do discernimento dos desejos relativos à felicidade. A eleição e a repulsa referem-se à saúde do corpo e à imperturbabilidade da alma, pois é esta a finalidade de uma vida feliz. Evitamos a dor e o temor, de modo que, uma vez alcançado, a alma fica sem perturbação, pois aquilo que a movia se dissipou. Tal imperturbabilidade consiste em não ter necessidade de buscar aquilo que falta, nem buscar algo que complemente o bem da alma e do corpo.

O prazer é o princípio e o fim de uma vida feliz: esse é o bem primeiro e natural para nós. O prazer é o princípio e o fim da eleição e da repulsa. Mas é precisamente por tal razão que não se pode escolher qualquer prazer: por vezes, é preciso renunciar a muitos prazeres quando deles derivam mais dores do que prazeres reais. Algumas vezes, há dores melhores do que prazeres, na medida em que, após tais dores, segue-se um gozo maior. Dada a conaturalidade entre nossa natureza e o prazer (que buscamos naturalmente), todo prazer é bom em si, mas nem todo prazer é aceitável na prática. Portanto, é preciso aplicar o discernimento e a reflexão na consideração de cada caso em particular. Esse exercício realiza-se pela comparação e pelo exame de suas vantagens e desvantagens. Em certos casos, fazemos um mau uso do bem e, em outros, um bom uso do mal. O discernimento (portanto, a razão) precede a fruição dos prazeres em diversos sentidos: a) a satisfação não está vinculada a ter muito ou pouco, mas ao saber conformar-se ao pouco, pois retira da abundância um bem maior aquele que menos carece dela; b) tudo o que é natural é fácil de buscar; e todo supérfluo, difícil; c) é nesse sentido que os gozos simples produzem a mesma satisfação que uma vida suntuosa, desde que seja eliminado tudo que causa sofrimento por sua falta. Tal raciocínio encontra seu complemento com a ideia de que, quando se tem fome, até pão e água são dos alimentos mais prazerosos. Nesse contexto também se trata da escolha de um tipo melhor de vida. Daí a necessidade de habituar-se a um gênero de vida simples, não suntuoso, que produz: a) conservação da saúde; b) ausência de perturbação diante dos confrontos obrigatórios com a vida; c) melhor proveito da abundância (após sua ausência); d) intrepidez diante do acaso.

Ao concluir seu raciocínio, Epicuro nota que, quando se afirma que o gozo é a finalidade última, não se está referindo ao prazer dos viciosos e a quem não se baseia na sã fruição dos bens, tal como creem alguns. Os viciosos e quem não se baseia na sã fruição dos bens desconhecem tal ponto de vista ou o interpretam mal. Trata-se de dizer que a finalidade não é buscar o prazer sem reflexão, mas em não sofrer no corpo nem estar perturbado na alma. Logo, o verdadeiro prazer não resulta dos prazeres vulgarmente tidos como melhores e verdadeiros (bebidas, prazer sexual, mesa suntuosa em excesso), mas uma vida prazerosa origina-se de um sóbrio raciocínio que: a) investiga os motivos da escolha e da recusa; b) descarta as suposições, pois estas são causa de grandes confusões na alma. Investigar, dar adesão e recusar mesclam-se no decorrer do exame filosófico que articula a vida das escolhas práticas. Nesse sentido, do exercício filosófico depende a vida feliz.

Logo, na perspectiva da *Epístola a Meneceu*, o princípio da vida boa é a *phrônesis*, entendida como sensatez e bom-senso, de que derivam todas as demais virtudes. As virtudes estão unidas por princípio ao viver de modo prazeroso; e o viver de modo prazeroso é algo inseparável da virtude. É necessário refletir sobre o bom e o inadequado, realizando o discernimento. Nesse sentido, trata-se de viver de modo prudente, belo e justo. É melhor errar atendo-se à razão do que acertar sem se ater a ela. É melhor um juízo errado que tenha sido bem examinado do que o acerto que não tenha antes passado pela razão. Essa prática conduz à *ataraxía* ou imperturbabilidade da alma.

Vemos a importância da temática do prazer para diversas escolas filosóficas antigas que tratam a questão da vida feliz. Ela reaparece, por exemplo, em filósofos como Plotino [205-270]. No tratado I 4 [46] da obra denominada por seu editor de *Enéadas*, Plotino afirma que é preciso investigar se o prazer é a finalidade do bem viver, postulando um grupo de questões próximas do estoicismo e de Epicuro, pois procura saber se a felicidade consiste na *ataraxía* ou na conformidade à Natureza. No conjunto de dificuldades enfrentadas acerca da relação entre *bem* e *prazer* e entre *prazer* e *reflexão*, Plotino diz que a felicidade não pertence ao ser que sente prazer, mas àquele que é capaz de conhecer que o prazer é um bem, dada a impossibilidade de identificação da sensação com a *eudaimonía*. A autarquia (autossuficiência) será uma característica da postura do sábio diante do sensível e de seu corpo. A questão não é ser insensível ao corpo ou tomá-lo como algo que não teria importância na vida feliz, mas de saber aplicar a reflexão na dinâmica dos prazeres.

Além da questão acerca do prazer, vejamos agora outro dos candidatos registrados por Aristóteles como uma das opiniões comuns que definem o que seria a vida feliz: ter riquezas. Ora, segundo algumas dessas opiniões, ter riquezas possibilitaria ter outros bens que comporiam uma vida boa.

2.3. Um deus cego. Riqueza, bem comum e felicidade

A comédia *Pluto, ou a riqueza*, escrita por Aristófanes, representa a riqueza na forma de um deus cego, Pluto, a quem um cidadão chamado Cremilo, pobre porque honesto, encontra no caminho. Pluto vaga ao acaso entre os homens e, privado de visão, favorece àqueles que menos merecem. Inspirado por um oráculo de Apolo, Cremilo propõe devolver a visão a Pluto, após tê-lo levado à sua casa. Ele vê que, embora pareça um simples *dáimon*, Pluto é um deus, na verdade o mais poderoso dos deuses, pois crê que o dinheiro é o verdadeiro senhor do mundo. Ora, se o deus cego recobrasse sua visão, poderia, na opinião de Cremilo, habitar com os bons e honestos, mais do que com os desonestos que ele agora favorece; e gozaria de honras superiores à do próprio Zeus. Tendo persuadido Pluto, Cremilo chama os cidadãos mais pobres e humildes, sobretudo aqueles mais honestos, que sempre viveram com muitas dificuldades e restrições financeiras. Eles agora receberiam a boa fortuna. Um desses amigos de Cremilo duvida, aliás, de que isso pudesse ser verdade, crendo haver algum tipo de farsa e de golpe desonesto por trás de tal reversão da situação. Afinal, não são sempre os cidadãos mais desonestos e astutos os mais ricos? Subitamente, surge a Pobreza, que tenta demonstrar-lhes que a condição que ela oferece aos homens é melhor do que aquela que agora Pluto promete a todos. Sem ela, os homens se perderiam na ociosidade vazia, não haveria as artes, a busca de superação; não seriam produzidas as coisas que fazem a delícia da vida. Afinal, que gosto haveria se todos fossem ricos? Porém, ninguém dá ouvidos à Pobreza. Pluto recupera a visão após uma visita ao templo de Asclépio, deus da Medicina, conforme os pedidos de Cremilo. Seus desejos são satisfeitos, ele e seus amigos recebem riquezas de Pluto.

Na segunda parte da comédia, há uma série de eventos que mostram como a situação atual em que os homens passam a se encontrar (favorecidos pela fortuna) os leva à ausência de piedade e veneração para com os deuses, que perdem sua função. Uma interpretação da significação de tais eventos, já presente na fala de Pobreza, é que o excesso de riqueza, tomado negativamente como ausência absoluta de pobreza nesse caso, produz a paralisação da ação humana, que visa fins de superação da necessidade. Com relação à piedade, é mostrado que o próprio Hermes, porta-voz dos deuses, acaba por se fazer servo na casa favorecida por Pluto, pois ela não mais sacrificava ao deus, não tendo qualquer necessidade. Ora, mostrar-se familiar aos deuses é dar-lhes uma vida realmente presente entre os homens, sem qualquer atribuição, de outro lado, de características humanas a eles. O dinheiro em excesso, portanto, se oporia ao divino culto e à virtude de modo geral.

Além da referência crítica ao sucesso dos injustos e desonestos em relação ao lucro e à aquisição de riquezas, há uma sutil crítica ao luxo e ao relaxamento que o excesso de bens supérfluos pode produzir. Nesse sentido, encontramos uma temática comum e acerca da qual a reflexão filosófica pode estabelecer dois vetores, que ficam claros, por exemplo, em Platão. O primeiro vetor pode ser identificado com uma crítica ao luxo e uma apologia da frugalidade. De outro lado, um segundo vetor seria o da reflexão acerca do bem comum, em relação ao qual não pode haver uma polaridade entre ricos e pobres. Em tal caso, haveria desarmonia e violência na cidade, sendo tal desigualdade uma espécie de doença coletiva. Esse fenômeno acontece em regimes como as oligarquias (governo dos ricos) e tiranias, estruturalmente injustas. Além disso, o luxo gera o relaxamento das disposições para realizar as tarefas necessárias, a coragem necessária ao exercício da virtude, além de produzir o constante e insaciável gosto pela novidade. Logo, o bem de cada um depende em grande medida do bem comum, visto que o indivíduo não pode ser pensado de modo completamente isolado da justiça na cidade.

Aristóteles, de igual modo, fará do conceito de *bem comum*, embora com outra ênfase, o eixo de sua análise das formas de governo em sua obra *Política*. Na *Ética nicomaqueia*, a riqueza é abordada como aquilo que muitos dizem ser o bem supremo da vida humana (a felicidade). Mas Aristóteles critica tal concepção, argumentando que os bens e a riqueza podem ser complementos úteis, mas são apenas meios, não fins, não merecendo nunca ser identificados com a felicidade. Há muitos que se arruinaram por causa de suas riquezas, observa. O tema do arruinar-se pela riqueza nos recorda a antiga lenda do rei Midas, que transformava em ouro tudo o que tocava, mas que acaba isolado e morrendo de inanição, pois não podia mais tocar em nada, sequer em seus alimentos.

Posteriormente, nas escolas helenísticas, a apologia platônica da frugalidade será retomada; as riquezas são bens completamente sujeitos à flutuação do acaso e, portanto, não podem ser tomados como elementos que geram felicidade, dado que não dependem completamente de nossa vontade; não estão em nosso poder. Não se trata de uma escolha entre ter ou não ter bens necessários à vida digna. Sua ausência pode gerar tantos vícios quanto os problemas gerados pelo luxo. O que está em questão é a moderação. Há aqueles que, ao tomar o dinheiro como finalidade da vida, vivem apenas voltados para isso. Em geral, porém, dele usufruem com perturbações, quando usufruem. Na maior parte das vezes, são os descendentes que usam de modo iníquo ou desmedido e dilapidam a fortuna que alguém acumulou durante a vida.

Posteriormente, Cícero também menciona o rei Sardanapalo como figura da opulência, acerca de quem Heródoto [485 a.C.-425 a.C.] narra que viajava com mil escravos e teria mandado gravar em seu túmulo a inscrição segundo a qual ele, Sardanapalo, tinha como seu tudo aquilo que, na mesa e no amor, de que havia se fartado, embora, abundante e ilustre, agora jazia ali, abandonado. Cícero completa a referência com o comentário de Aristóteles: o rei chama de seu o que possuiu durante a vida enquanto foi possível seu uso; e, observa Aristóteles, essa inscrição seria mais digna de ser gravada na fossa de um boi do que no monumento de um rei.

3. O jardim interior e os labirintos da alma

3.1. Um exemplo terrível

Fálaris era um rei conhecido por sua crueldade. Mandara confeccionar um touro de bronze. O touro era uma espécie de forno no qual Fálaris colocava seus inimigos. Dotado de uma tubulação, ao ser aquecido, os gritos daquele que estava sendo supliciado, queimando lentamente, ecoavam como mugidos pela boca e pelas narinas do touro. Esse terrível instrumento de tortura tornou-se um exemplo que ocorre em muitos textos filosóficos para se fazer a seguinte pergunta: pode o sábio ser feliz mesmo no touro de Fálaris? Ou seja, o sábio será sempre feliz, mesmo diante das inúmeras adversidades às quais está submetido? Tal metáfora aparece, sobretudo, no período posterior a Platão e Aristóteles, notadamente nas escolas helenísticas e tardo antigas (estoicismo, epicurismo, tardo-platonismo).

A resposta de alguns filósofos será afirmativa: o sábio será feliz mesmo no touro de Fálaris. Para autores como Sêneca [4 a.C.-65], depende de o sábio atingir a tranquilidade da alma (*ataraxía*), a imperturbabilidade (*apatheía*). Ora, o que está em questão é o não condicionamento da felicidade ou da tranquilidade da alma a fatores externos. Ou seja, há um espaço em que não se pode ser afetado, de modo que, ao saber o que depende e o que não depende de si, o sábio trata as vicissitudes e perturbações como externas a si. Quanto às perturbações internas, as paixões, delas é preciso cuidar com uma espécie de terapêutica filosófica. Aquilo que unicamente depende de nós é nossa interioridade, o modo como nesse campo reagimos às mais diversas vicissitudes e flutuações que ocorrem no transcurso da vida. Aqui a metáfora da alma é a de um jardim interno a ser cultivado.

Essa tese é concorrente com aquela da limitação da virtude, provinda da tradição aristotélica, como pode ser visto em alguns filósofos dessa tradição, como Teofrasto [372 a.C.-287 a.C.], a quem é atribuída a frase segundo a qual a fortuna rege nossos dias, antes que a sabedoria. A essa posição é oposta aquela dos epicuristas, que condicionam a felicidade ao exercício das virtudes e da sabedoria, para quem os ataques da fortuna são insuficientes diante da imperturbabilidade do sábio. No entanto, haveria, segundo Cícero, uma contradição no fato de Epicuro ter situado a felicidade em algo interno, mas fazendo da frugalidade em relação ao prazer algo constitutivo do viver bem. Ou seja, o sábio não estaria sujeito à fortuna, mas se o prazer e a saúde são bens essenciais, então ele estaria sujeito ao corpo e a todas as suas oscilações.

Todo esse debate é registrado por Cícero, no Livro V das *Tusculanas*, que trata da vida feliz. Mas, afinal, o que está em jogo em tudo isso? Precisamente o que define a felicidade: (1) se algo externo (corpo, saúde, prazeres etc.); (2) se a atitude interna (imperturbabilidade); (3) se há uma limitação relativa (virtude gera felicidade, mas não de modo absoluto); (4) ou se a limitação é completa (sujeição à relatividade dos bens externos e ao acaso).

3.2. O desejo incurável

Uma dinâmica essencial da vida psíquica e moral é o movimento dos sentimentos, emoções ou paixões.

Elas são de tal magnitude que muitos filósofos dedicaram longos tratados à sua forma de ação na alma, sua classificação, sua fenomenologia. Assim ocorre, como vimos, em Platão e Aristóteles, por exemplo, mas também nas escolas tardias, como o epicurismo e o estoicismo. Se, para essas duas últimas escolas, a vida feliz diz respeito à interioridade, a cultivar nosso jardim ou cidade interior, então o tema das paixões torna-se um elemento central.

A alma está mergulhada num ciclo de necessidade de satisfação dada pela memória dos prazeres passados e pela busca de futuros. Para filósofos como Sêneca, esse fluxo da memória é o que a torna suscetível de infelicidade. Desejo contínuo demanda satisfação contínua, logo perturbação contínua.

Um exemplo paradigmático é o de Medeia. Célebre pela peça de Eurípedes, tendo recebido muitas outras representações no mundo greco-latino, ela é o modelo da reação violenta e arrasadora da paixão. Nesse caso, da paixão da ira, sobretudo, mas também da vingança, do ciúme. Medeia havia deixado sua família e cidade para seguir seu amor por Jasão, a quem havia ajudado, com seus poderes de feiticeira, no resgate do lendário velo de ouro na expedição dos argonautas. Eles se casam, vão para Corinto e têm dois filhos. Mas Jasão apaixona-se pela filha de Creonte, governante de Corinto. Abandona Medeia e a manda sair da cidade. Tomada pela decepção e pela fúria amorosa, Medeia faz um feitiço e mata a noiva de Jasão. Mas isso não basta. Para atingir Jasão ainda mais, Medeia mata os próprios filhos e foge.

Esse exemplo extremo ilustra que é preciso, como foi dito, conhecer e cuidar das paixões, tais como a ira, por exemplo, à qual Sêneca dedica um de seus mais belos tratados (*Da ira*), de modo que o que está em questão não é o que nos afeta, mas o modo como reagimos e tratamos o que nos afeta, sejam as paixões, sejam os eventos externos.

Por outro lado, na tradição platônica, o desejo pode ser aquilo que nos move em direção ao conhecimento, à Beleza ou ao Bem, tal como pode ser visto em um dos diversos modos de abordagem acerca do amor que Platão constrói no *Banquete*. Esse amor ao Belo e ao Bem, como alvo de uma busca contínua da alma humana, posteriormente é convertido no anseio inscrito no coração pela transcendência, que apenas se realiza na busca de Deus como único capaz de preencher a inquietude gerada por tal dimensão da interioridade.

Em relação à ideia clássica de que não possuímos domínio completo de nossos desejos, é possível dialogar com escolas do pensamento contemporâneo tais como a teoria psicanalítica, cuja irradiação na reflexão de diversos filósofos ainda é imensurável. Para tal perspectiva, os desejos ultrapassam nossa dimensão consciente.

Outro aspecto da Psicanálise é a crença de que a busca da felicidade leva a uma dinâmica de insatisfação insolúvel, pois, no seu dizer, haveria muitas pulsões que nos movem sem que percebamos ou gerem em nossa ação diversas contradições. Falta, negação, transferência, sublimação etc. são conceitos que articulam a forma de tratamento do universo do sujeito psíquico que deve dizer a verdade sobre si no processo analítico. No texto *O mal-estar da civilização*, Freud comenta o caráter problemático da aspiração à felicidade e da noção de uma finalidade da vida humana, compreendida a partir do princípio do prazer. Aquilo que está mascarado sob nossas aspirações e ideais conscientes pode corresponder a um variegado de desejos não verbalizáveis que são projetados em nossos projetos de felicidade, que se tornam inatingíveis.

Nesse contexto, a metáfora da alma pode ser a de um tortuoso labirinto. Ela oculta muitas camadas e habitantes desconhecidos, cujo conhecimento pode levar o tempo de uma vida, tal como Platão, em outro contexto, comentava ao analisar o fenômeno político, psicológico e moral da tirania.

4. Imaginação e utilidade

4.1. Felicidade como ideal da imaginação

Vimos que no mundo antigo, estendendo-se ao mundo medieval, a noção de felicidade é indissociável do exercício da virtude em suas mais diversas concepções. Um dos modelos de ruptura com esse modelo é representado pelo pensamento de Immanuel Kant (séc. XVIII). Ele se distancia da relação entre felicidade e virtude tal como concebida pela ética antiga. Para Kant, a felicidade não poderia ser o motivo da ação virtuosa. Apenas o dever, reconhecido pela razão e no próprio procedimento do agente, deve ser a motivação fundamental da ação moral. A razão, de modo autônomo, instauraria princípios universais de ação, como, por exemplo, "não mentir" ou "não roubar". A ação moral, portanto, não estaria condicionada a nenhuma forma de elemento material, mas seria formal e universal. É no procedimento moral que o agente é capaz de testar sua ação no campo da universalização e seguir certas leis e princípios que ele reconhece como válidos para todos os seres dotados de racionalidade. Essa legislação universal dada pela autonomia da razão e regida pelo dever é denominada por ele *imperativo categórico*.

Esse modelo diferencia-se de um tipo de moralidade considerada por Kant condicionada e material, regida pelos *imperativos hipotéticos*. Um imperativo hipotético é aquele que move a ação a partir de princípios externos ao agente, tais como um conjunto de mandamentos ou noções que a condicionariam, vinculando meios e fins, tais como a felicidade. Assim, se "não furtar" for tomado como um mandamento divino, tem como princípio algo externo, ou seja, um conjunto de mandamentos divinos; logo, condicionado. Trata-se, portanto, de um imperativo hipotético. Mas é completamente diferente se "não furtar" for tomado como a máxima moral reconhecida exclusivamente pela razão como dever moral racional. O agente segue-o porque é um princípio de legislação universal. Dito de outra maneira, o preceito "não furtar" é diferente se for seguido como um mandamento ou se for seguido porque estipulado pela autonomia da razão. Esse tipo de argumentação será desenvolvida por Kant em obras como a *Crítica da razão prática* e a *Fundamentação da metafísica dos costumes*. O que importa ressaltar ainda uma vez é que, desse ponto de vista, a felicidade não é mais uma finalidade nem um movente da ação moral. Para Kant, é preciso considerar que há uma série infinita de variações que impede que se delimite a felicidade como um ideal a ser alcançado ao longo de uma vida. Logo, a felicidade é um ideal da imaginação e não do entendimento.

Após Kant, Arthur Schopenhauer [1788-1860] argumenta que a felicidade é essencialmente um conceito negativo e que sua suposta realização conduz ao tédio e a uma dinâmica de contínua satisfação dos desejos, dada a forma como nossa vontade constitui nossa consciência. Viver é dor; e o sábio busca uma sabedoria que, de um lado, o conduza a não se enredar no círculo de perpétua satisfação e frustração dos desejos, que causa ainda maiores dores, e, de outro, à autossuficiência, ao retomar diversos elementos da ética antiga, da arte de viver. Schopenhauer retoma, no contexto específico de seu pensamento, toda a tradição do pensamento clássico, fundamentada na prática da sabedoria de vida e da busca da vida feliz.

4.2. Utilitarismo

Outra escola representativa na história da reflexão sobre a felicidade e bastante influente na ética contemporânea é o Utilitarismo. Do ponto de vista utilitarista, a felicidade não estaria vinculada à virtude incondicionada, como no pensamento kantiano, mas à finalidade pragmática de resolução de conflitos na vida dos indivíduos e da sociedade. Trata-se de fazer o máximo de bem com o mínimo de prejuízo, ou, quando isso não é possível, de reduzir danos; quer dizer, agir de modo prático, visando o máximo de prazer e o mínimo de dor.

É preciso compreender, no entanto, que esse cálculo é feito conforme princípios de razoabilidade e que o Utilitarismo integra uma forma de sabedoria prática. Em textos utilitaristas, como o de Stuart Mill, há diversas referências ao pensamento antigo, como o epicurismo, por exemplo, ao chamar a atenção para uma adequada compreensão da noção de prazer vinculado à vida moral e aos prazeres do intelecto. Como Epicuro afirmava na *Epístola a Meneceu*, ao fazer uma distinção entre os prazeres, há aqueles mais desejáveis; portanto, há um critério moral de vivência do prazer. Além disso, é preciso não confundir felicidade com contentamento. A felicidade diz respeito a essa aplicação do discernimento entre prazeres e modos de ser superiores e inferiores. Tal como nos éticos antigos, ele destaca aquilo que é próprio do ser humano, o uso da reflexão, que instaura a possibilidade da ponderação do que seria a melhor ação possível em dadas circunstâncias. Stuart Mill observa que tal concepção é compatível com o princípio de utilidade. E, nesse contexto, é preferível "ser Sócrates descontente do que um imbecil feliz".

5. Conclusão
Os limites de um conceito

Ao traçar alguns caminhos possíveis para abordar um tema tão antigo quanto a própria interrogação acerca da significação da ação humana em suas mais diversas situações e que ocupa os filósofos desde os tempos mais remotos, procuramos tratar de uma concepção trágica da felicidade, na qual há a figura do destino como elemento inexorável, tal como ocorre na tragédia *Édipo rei*.

A felicidade estaria limitada por algo que nos supera amplamente, maior do que nosso poder de deliberação e que o limita por algo que suplanta nossa visão parcial. Tais elementos são postos na tragédia como a fragilidade da visão humana, em contraposição à visão divina. Age também o acaso, que pode ser visto como o próprio destino. Não há como escapar desse círculo trágico; por isso, para o ser humano, melhor seria não ter nascido. Essa foi uma primeira concepção.

Na própria tragédia de Sófocles, porém, aparece também a possibilidade do exercício da prudência. O exercício da virtude, vinculado de modo indissociável à noção de felicidade, ganha toda sua força de elaboração nas concepções socrático-platônica e aristotélica da arte de viver, excelência de vida, finalidade e bem supremo. Some-se a isso a concepção aristotélica segundo a qual a felicidade demanda também bens que lhe são úteis (prazer, riqueza, saúde), que a complementam. A essa visão denominamos uma concepção completiva de felicidade. *Grosso modo*, essa seria uma segunda concepção: a felicidade é realizada pela virtude, que inclui bens e possui limites, mas é o fim último da vida humana.

Um terceiro fio condutor estaria vinculado à tendência de não situar a felicidade em condicionamentos externos, mas no campo daquilo que depende do agente, ou seja, o campo daquilo que lhe é interior, de sua razão e do tratamento das paixões.

Por fim, o questionamento do ideal de felicidade projetado na totalidade da vida é objeto de crítica em perspectivas tão diferentes entre si, como em Kant e em Freud. A reflexão sobre a felicidade tem seus limites circunscritos por sua realização mesma, dadas todas as flutuações, variações e constrangimentos nas quais está mergulhada.

Recordando o ponto de vista da metodologia aristotélica em ética, não se pode concluir uma investigação sobre a felicidade como se conclui uma dedução geométrica, nem mesmo do ponto de vista de um percurso histórico-textual do conceito. De qualquer modo, a lição de diversos filósofos consiste em mostrar que o caminho para a felicidade, vinculado ao da virtude (em suas mais diversas concepções) ou da reflexão, não se confunde com contentamento, cujo caráter é estritamente circunstancial. É antes um contínuo tecer da existência como um todo; é o fio mesmo que tece a significação de um gênero de vida, em suas opções fundamentais.

OUVINDO OS TEXTOS

Texto 1. Hesíodo (c. séculos VIII-VII a.C.), *A virtude resulta de trabalho árduo*

Mas diante da excelência [virtude], suor puseram os deuses
imortais, longa e íngreme é a via até ela,
áspera de início, mas depois que atinges o topo
fácil desde então é, embora difícil seja.
Homem excelente é quem por si mesmo tudo pensa,
refletindo o que então e até o fim seja melhor;
e é bom também quem ao bom conselheiro obedece;
mas quem não pensa por si nem ouve o outro
é atingido no ânimo; este, pois, é homem inútil.

HESÍODO. *Os trabalhos e os dias*. Trad. M. C. N. Lafer. São Paulo: Iluminuras, 2006, versos 287-297.

Texto 2. Aristóteles (384-322 a.C.), *Não convém que a felicidade seja obra do acaso*

Ora, se alguma dádiva os homens recebem dos deuses, é razoável supor que a felicidade seja uma delas, e, entre todas as coisas humanas, a que mais seguramente é uma dádiva divina, por ser a melhor. Essa questão talvez caiba melhor em outro estudo; no entanto, mesmo que a felicidade não seja dada pelos deuses, mas, ao contrário, venha como um resultado da virtude e de alguma espécie de aprendizagem e adestramento, ela parece contar-se entre as coisas mais divinas; pois aquilo que constitui o prêmio e a finalidade da virtude se nos afigura o que de melhor existe no mundo, algo de divino e abençoado. Nessa concepção, também deve ela ser partilhada por grande número de pessoas, pois quem quer que não esteja mutilado em sua capacidade para a virtude pode conquistá-la mediante uma certa espécie de estudo e diligência. Mas, se é preferível ser feliz dessa maneira a sê-lo por acaso, é razoável que os fatos sejam assim, uma vez que tudo aquilo que depende da ação natural é, por natureza, tão bom quanto poderia ser, e do mesmo modo o que depende da arte ou de qualquer causa racional, especialmente se depende da melhor de todas as causas. Confiar ao acaso o que há de melhor e de mais nobre seria um arranjo muito imperfeito. A resposta à pergunta que estamos fazendo é também evidente pela definição de felicidade, pois ela é uma atividade da alma segundo a virtude. Dos demais bens, alguns devem necessariamente estar presentes como condições prévias da felicidade, e outros são naturalmente cooperantes e úteis como instrumentos. [...] É natural, portanto, que não chamemos feliz nem ao boi, nem ao cavalo, nem a qualquer outro animal, visto que nenhum deles pode participar de tal atividade.

> ARISTÓTELES. *Ética a Nicômaco* I, 1099b10-28.
> Trad. L. Vallandro. São Paulo: Abril Cultural, 1973
> (Col. "Os Pensadores"). Modificada pelo autor.

Texto 3. Aristóteles (384-322 a.C.), *Felicidade e exercício da virtude numa vida completa*

Ora, a função do ser humano é uma atividade da alma que segue ou que implica um princípio racional, [...] afirmamos ser a função do homem uma certa espécie de vida, e esta vida uma atividade ou ações da alma que implicam um princípio racional; e acrescentamos que a função de um bom homem é uma boa e nobre realização das mesmas e se qualquer ação é bem realizada quando está de acordo com a excelência que lhe é própria, o bem do ser humano parece ser uma atividade da alma segundo a virtude, e, se há mais de uma virtude, com a melhor e mais completa. Mas é preciso acrescentar "numa vida completa". Porquanto uma andorinha não faz primavera, nem um dia tampouco; e da mesma forma um dia, ou um breve espaço de tempo, não faz um homem feliz e venturoso.

ARISTÓTELES. *Ética a Nicômaco* I, 1098a12-20.
Trad. L. Vallandro. São Paulo: Abril Cultural: 1973
(Col. "Os Pensadores"). Modificada pelo autor.

Texto 4. Cícero (107-44 a.C.), *A felicidade do sábio*

Julga-se que o mar está calmo quando sua superfície não está agitada sequer pelo menor vento; e igualmente se julga que a alma está tranquila quando nenhuma perturbação a agita. Quem quer que seja de uma coragem à prova das mais cruéis injúrias da sorte, sendo, por conseguinte, invulnerável ao medo e à tristeza, e que, ademais, tenha calcado a cupidez e a volúpia, como é que este não seria feliz? Ora, suposto que a virtude pode levar qualquer homem a encontrar-se em tal situação, como não teria ela todo o necessário para nos proporcionar uma felicidade perfeita? [...] Há para cada uma dessas proposições provas que lhe são próprias; e sobretudo para uma proposição tão importante como esta, que encerra a mais sublime doutrina, e a maior, a mais magnífica promessa da Filosofia. Pois, ó bons deuses!, que promete ela? Que quem quer que obedeça a suas leis estará sempre ao abrigo dos golpes da fortuna, e possuirá em si mesmo todos os recursos necessários para viver bem. Em suma, será sempre feliz. [...] A felicidade pode penetrar até o touro de Fálaris. [...] Sustento que a felicidade pode encontrar-se em meio de torturas; que, seguindo-se à justiça da temperança, e especialmente da firmeza, da magnanimidade e da paciência, ela não se acovardará ante a visão dos verdugos. [...] Pois o sábio tem isto de próprio: não faz nada contra sua vontade [...]; atua em tudo com dignidade, com firmeza, com honra; não esperando nada, por nenhum evento é surpreendido; não recebe a lei de ninguém, e não depende senão de si mesmo.

CÍCERO. *A virtude e a felicidade* [*Tusculanas V*]. Trad. C. A. Nougué. São Paulo: Martins Fontes, 2005, pp. 20, 22, 70 e 74-75.

Texto 5. Horácio (65-8 a.C.), *Carpe diem!*

Indagar, não indagues, Leuconói
qual seja o meu destino, qual o teu;
nem consultes os astros, como sói
o astrólogo caldeu:
    não cabe ao homem desvendar arcanos!
    Como é melhor sofrer quanto aconteça!
    Ou te conceda Jove muitos anos,
    ou, agora, os teus últimos enganos,
prudente, o vinho coa e, mui depressa
a essa longa esperança circunscreve
a tua vida breve.
Só o presente é verdade, o mais, promessa...
O tempo, enquanto discutimos, foge:
colhe o teu dia (*carpe diem*), – não no percas! – hoje.

HORÁCIO. *Odes e Epodos*. Trad. Bento Prado de Almeida Ferraz. Org. Anna Lia A. Prado. São Paulo: Martins Fontes, 2003, p. 39.

Texto 6. Sêneca (4 a.C.-65 d.C.), *A vida é suficientemente longa*

A maior parte dos mortais queixa-se da malevolência da Natureza, porque estamos destinados a um momento da eternidade, e, segundo eles, o espaço de tempo que nos foi dado corre tão veloz e rápido, de forma que, à exceção de muito poucos, a vida abandonaria a todos em meio aos preparativos mesmos para a vida. Daí o protesto: "A vida é breve; longa, a arte". [...] Não é curto o tempo que temos, mas dele muito perdemos. A vida é suficientemente longa e com generosidade nos foi dada, para a realização das maiores coisas, se a empregamos bem. Mas, quando ela se esvai no luxo e na indiferença, quando não a empregamos em nada de bom, então, finalmente constrangidos pela fatalidade, sentimos que ela já passou por nós sem que tivéssemos percebido. O fato é o seguinte: não recebemos uma vida breve, mas a fazemos, nem somos dela carentes, mas esbanjadores. Não se encontra ninguém que queira dividir seu dinheiro, mas a vida, entre quantos cada um a distribui! São avaros em preservar seu patrimônio, enquanto, quando se trata de desperdiçar o tempo, são muito pródigos em relação à única coisa em que a avareza é justificável. [...] Faz o cômputo da tua existência. Calcula quanto tempo deste credor, amante, superior ou cliente, te subtraiu e quanto ainda as querelas conjugais, as reprimendas aos servos, as atarefadas perambulações pela cidade; acrescenta as doenças que nós próprios nos causamos e também todo o tempo perdido: verás que tens menos anos de vida do que contas. Vivestes como se fôsseis viver para sempre, nunca vos ocorreu que sois frágeis, não notais quanto tempo já passou; vós o perdeis, como se ele fosse farto e abundante, ao passo que aquele mesmo dia que á dado ao serviço de outro homem ou outra coisa seja o último. Como mortais, vos aterrorizais de tudo, mas desejais como se fôsseis imortais. Ouvirás muitos dizerem: "Aos cinquenta anos me refugiarei no ócio, aos sessenta estarei livre de meus encargos." E que fiador tens de uma vida tão longa? E quem garantirá que tudo irá conforme planejas? Não te envergonhas de reservar para ti apenas sobras da vida e destinar à meditação [...]? Quão tarde começas a viver, quando já é hora de deixar de fazê-lo. [...] A maioria, que não persegue nenhum objetivo fixo, é atirada a novos desígnios por uma vaga e inconstante leviandade, desgostando-se com isso; alguns não definiram para onde dirigir sua vida; e o destino surpreende-os esgotados e bocejantes, de tal forma que não duvido ser verdadeiro o que disse, à maneira de oráculo, o maior dos poetas: "Pequena é a parte da vida que vivemos." Pois todo o restante não é vida, mas tempo. Os vícios atacam-nos, e rodeiam-nos de todos os lados e não permitem que nos reergamos, nem que os olhos se voltem para discernir a verdade, mantendo-os submersos, pregados às paixões. "Se não ocupares o dia, ele fugirá". E, contudo, se o tiveres ocupado, ainda fugirá; portanto, deve-se lutar contra a celeridade do tempo usando de velocidade, tal como se deve beber depressa de uma corrente rápida e que não fluirá sempre.

SÊNECA. *Sobre a brevidade da vida*. Trad. William Li. São Paulo: Nova Alexandria, 1993.

Texto 7. Sêneca (4 a.C.-65 d.C.), *O sábio é feliz mesmo em meio às variações de sua vida interior e exterior*

Ninguém, lançado fora da verdade, merece o nome de feliz. Portanto, a vida feliz está fundada de modo inamovível num juízo reto e certo. Assim a alma é pura e desembaraçada de todos os males, apta a evitar não só as dilacerações, mas também as picadas da adversidade. Sempre se manterá em pé no lugar em que se deteve e defenderá o seu posto a despeito das iras e ataques da sorte. [...]. Ninguém pode ser feliz sem sensatez, e não é sensato aquele que busca como melhor o que o vai prejudicar. Pois quem é feliz possui um juízo reto; é feliz quem está contente com os seus bens presentes, quaisquer que sejam, coisas materiais ou amigos; é feliz quem confia à razão todas as situações da vida. [...] Desse modo, dizem que o prazer não se pode dissociar da virtude, afirmando ser impossível alguém viver de modo virtuoso e desagradável ao mesmo tempo ou viver de modo agradável, mas sem virtude. Quanto a mim, porém, não vejo que essas coisas tão diversas caibam na mesma fôrma. [...] Acresce também que o prazer faz descer a uma vida cheia de torpezas, ao passo que a virtude não permite uma vida desonesta; e há também quem viva feliz no prazer ou, antes, devido ao próprio prazer. Ora, isso não aconteceria se o prazer estivesse mesclado à virtude, que muitas vezes está isenta de prazer, mas nunca tem necessidade dele. Por que associar coisas tão dessemelhantes e até contrárias? [...] O bem supremo é imortal, não sabe o que é perecer, não fica saciado nem se arrepende. Uma alma reta nunca se transforma nem é odiosa a si mesma, em nada se afasta do melhor modo de viver; o prazer, porém, extingue-se justamente quando mais deleita, o seu campo não é muito amplo e, por isso, logo sacia, causa tédio e definha depois do primeiro impulso. Não pode ser firme aquilo cuja natureza consiste na mudança. E assim não pode ter substância definida o que vem e passa com maior velocidade, e perecerá com o uso de si mesmo; chega aonde cessa e, ao começar, já tende para o seu fim.

> SÊNECA. *Da vida feliz*, V-VII. Trad. J. C. Cabral Mendonça. São Paulo: Martins Fontes, 2009, pp. 14-9. Modificada pelo autor.

Texto 8. Santo Agostinho (354-430), *Felicidade e busca de Deus*

Mônica – Tais bens [sujeitos à sorte], ainda que estivéssemos certos de não perdê-los, não poderiam nos saciar. Seremos ainda infelizes porque quereremos sempre mais.
Agostinho – Quando estamos mergulhados na abundância de todos os bens, mas sabemos limitar os dese-

jos, contentar-nos com aquilo que temos e deles usufruir com sabedoria, pensas que seremos felizes?

Mônica – Mas, então, não são os bens que nos fazem felizes e sim a moderação.

Agostinho – Correto; não poderíamos responder de outro modo; e eu não esperaria outra resposta, especialmente vinda de ti. É indubitável que na medida em que se decide ser feliz, é preciso buscar um bem permanente e que esteja abrigado dos rigores da sorte.

Trigésio – Há muito tempo estamos de acordo a esse respeito.

Agostinho – E qual tua opinião? Deus não é eterno e imutável?

Licêncio – Isso é de tal modo correto que sequer se deve perguntar.

Todos os outros, com perfeita piedade, concordaram.

Agostinho – Logo, digo-lhes, quem possui Deus é feliz.

SANTO AGOSTINHO, *Da vida feliz* II, 10-11. Trecho traduzido por Mauricio P. Marsola, com base em: *Dialogues philosophiques* IV. Trad. R. Jolivet. Paris: Desclée de Brower, 1948, pp. 243-5.

Texto 9. Francesco Petrarca (1304-1374), *A felicidade está na intimidade do verdadeiro*

Com a boa paz de Sêneca direi que o lugar é algo; é muito, mas não é tudo, admito. O tudo, parece-lhe, está no ânimo. E, com efeito, diz "É o ânimo que a si tudo recomenda." Isto certamente é bem dito, como é seu costume. De onde, entretanto, provém a luz da verdade e a equidade do juízo? De um outro lugar, não há dúvida. Repetirei, portanto, em relação ao ânimo aquilo que disse sobre os lugares – há nele algo, há muito, mas não tudo, não; o todo está apenas Naquele que deu aos lugares a posição favorável, ao ânimo a razão. [...] Se, por acaso, alguém disposto a compreender o verdadeiro pudesse aproximar o ouvido do coração e não da língua [...], creio que admitiria ter ouvido a consciência confessar com a máxima felicidade que a felicidade não consiste na ressonância das palavras, mas no segredo das ações e na intimidade do verdadeiro, não no aplauso que vem do exterior ou na enganosa estima dos homens.

PETRARCA, *Da vida solitária*. Trecho traduzido por Maurício P. Marsola, com base em: *Prose*. Trad. A. Bufano. Milão: Riccardo Ricciardi, 1955, pp. 324-7.

Texto 10. René Descartes (1596-1650), *É preferível mudar a si próprio do que a ordem das coisas*

Minha terceira máxima era a de procurar sempre antes vencer a mim próprio do que a fortuna, e de antes modificar meus desejos do que a ordem do mundo; e, em geral, a de acostumar-me a crer que nada há que esteja inteiramente em nosso poder, exceto os nossos pensamentos, de sorte que, após termos feito o melhor possível no tocante às coisas que nos são exteriores, tudo em que deixamos de nos sair bem, em relação a nós mesmos, é absolutamente impossível. E só isso me pareceria suficiente para impedir-me, no futuro, de desejar algo que eu não pudesse adquirir, e, assim, para me tornar contente. Pois, inclinando-se a nossa vontade naturalmente a desejar somente aquelas coisas que nosso entendimento lhe representa de alguma forma como possíveis, é certo que, se considerarmos todos os bens que se acham fora de nós como igualmente afastados de nosso poder, não lamentaremos mais a falta daqueles que parecem dever-se ao nosso nascimento, quando deles formos privados sem culpa nossa, do que lamentamos não possuir reinos da China ou do México; e que fazendo, como se diz, da necessidade virtude, não desejaremos mais estar sãos, estando doentes, ou estar livres, estando na prisão, do que desejamos ter agora corpos de uma matéria tão pouco corruptível quanto os diamantes, ou asas para voar como as aves. Mas confesso que é preciso um longo exercício e uma meditação amiúde reiterada para nos acostumarmos a olhar por este ângulo todas as coisas; e creio que é principalmente nisso que consistia o segredo desses filósofos [estoicos], que puderam outrora subtrair-se ao império da fortuna e, malgrado as dores e a pobreza, disputar felicidade aos seus deuses. Pois, ocupando-se incessantemente em considerar os limites que lhes eram prescritos pela Natureza, persuadiram-se tão perfeitamente de que nada estava em seu poder além dos seus pensamentos, que só isso bastava para impedi-los de sentir qualquer afecção por outras coisas; e dispunham deles de modo tão absoluto, que tinham neste particular certa razão de se julgarem mais ricos, mais poderosos, mais livres e mais felizes que quaisquer outros homens, que, não tendo esta filosofia, por mais favorecidos que sejam pela natureza e pela fortuna, jamais dispõem assim de tudo quanto querem.

DESCARTES, R. *Discurso do método*. In: *Obras escolhidas*. Trad. J. Guinsburg e Bento Prado Jr. São Paulo: Abril, 1973, pp. 50-1 (Coleção "Os Pensadores").

Texto 11. Immanuel Kant (1724-1804), *A felicidade como ideal da imaginação*

O conceito de felicidade é tão indeterminado que, embora todo homem a deseje alcançar, nunca pode dizer de modo preciso e de acordo consigo mesmo o que propriamente deseja e quer. A causa disto é que todos os elementos que pertencem ao conceito de felicidade, na sua totalidade, são empíricos, isto é, devem ser tomados da experiência, e que, portanto, para a ideia de felicidade é necessário um todo absoluto, um máximo de bem-estar, no meu estado presente e em todo o futuro. Ora, é impossível que um ser, mesmo o mais perspicaz e simultaneamente o mais poderoso, mas finito, possa fazer ideia exata daquilo que propriamente deseja. Se deseja a riqueza, quantos cuidados, quanta inveja e quanta cilada não atrairá para si! Se deseja muito conhecimento e sagacidade, talvez isso lhe traga uma visão mais penetrante que lhe mostre os males, que agora ainda se lhe conservam ocultos e que não podem ser evitados, tanto mais terríveis, ou talvez venha a acrescentar novas necessidades aos desejos que agora lhe trazem já muitas tarefas! Se deseja vida longa, quem lhe pode garantir que não venha a ser uma longa miséria? Se deseja ao menos saúde, quantas vezes a fraqueza do corpo nos preserva de excessos em que uma saúde ilimitada nos teria feito cair! Etc. Em suma, não é capaz de determinar, segundo qualquer princípio e com plena segurança, o que verdadeiramente o faria feliz; para isso seria necessária a onisciência. Não se pode, pois, agir segundo princípios determinados para ser feliz, mas apenas segundo conselhos empíricos, por exemplo: dieta, vida econômica, cortesia, moderação, etc., acerca dos quais a experiência ensina que, em média, são aquilo que melhor pode fomentar o bem-estar. Daqui conclui-se que os imperativos da prudência, para falar com precisão, não podem ordenar, isto é, representar, as ações de maneira objetiva como praticamente necessárias; que devam ser considerados mais como conselhos (*consilia*) do que como mandamentos (*praecepta*) da razão; que o problema de determinar de modo certo e universal que ação poderá assegurar a felicidade de um ser racional é totalmente insolúvel, e que, portanto, em relação a ela, nenhum imperativo pode ordená-la no sentido rigoroso do termo, de modo que se possa fazer aquilo que nos torna felizes, pois a felicidade não é um ideal do entendimento, mas da imaginação, que se assenta somente em princípios empíricos dos quais é vão esperar que determinem uma conduta necessária para alcançar a totalidade de uma série efetivamente infinita de consequências.

> KANT, I. *Fundamentação da metafísica dos costumes.* Trad. P. Quintela. Lisboa: Edições 70, 2009, pp. 57-9. Modificada pelo autor.

Texto 12. Arthur Schopenhauer (1788-1860), *A felicidade basta a si mesma*

Bastar-se a si mesmo; ser tudo em tudo para si, e poder dizer *omnia mea mecum porto* [trago todas as minhas posses comigo] (cf. Cícero. *Paradoxa*, I, I, 8; Sêneca. *Epistulae*, IX, 18), é decerto uma qualidade mais favorável para a nossa felicidade. Sendo assim, nunca é demais repetir a máxima de Aristóteles: *Felicitas sibi sufficientium est* [A felicidade pertence àqueles que bastam a si mesmos] (*Ét a Eud*, 7, 2) [...]. Pois, por um lado, a única pessoa com quem podemos contar com segurança somos nós mesmos, e, por outro, os incômodos e as desvantagens, os perigos e os desgostos que a sociedade traz consigo são inúmeros e inevitáveis. [...] Quem, portanto, não ama a solidão também não ama a liberdade: apenas quando se está só é que se está livre. [...] Limitar nossos desejos, refrear nossa cobiça, domar nossa cólera, tendo sempre em mente que só podemos alcançar uma parte infinitamente pequena das coisas desejáveis, enquanto males múltiplos têm de ferir-nos; numa palavra: *abstinere et sustinere* [abster-se e suportar] (Epicteto) é uma regra que, caso não seja observada, nem riqueza nem poder podem impedir que nos sintamos miseráveis. [...] Um ponto importante da sabedoria de vida consiste na proporção correta com a qual dedicamos nossa atenção em parte ao presente, em parte ao futuro, para que um não estrague o outro. Muitos vivem em demasia no presente: são os levianos; outros vivem em demasia no futuro: são os medrosos e os preocupados. É raro alguém manter com exatidão a justa medida. Aqueles que, por intermédio de esforços e esperanças, vivem apenas no futuro e olham sempre para a frente, indo impacientes ao encontro das coisas que hão de vir, como se estas fossem portadoras da felicidade verdadeira, deixando entrementes de observar e desfrutar o presente, são, apesar de seus ares petulantes, comparáveis àqueles asnos da Itália, cujos passos são apressados por um feixe de feno que, preso por um bastão, pende diante de sua cabeça. Desse modo, os asnos veem sempre o feixe de feno bem próximo, diante de si, e esperam sempre alcançá-lo. Tais indivíduos enganam a si mesmos em relação a toda a sua existência, na medida em que vivem apenas *ad interim* [interinamente], até morrer.

SCHOPENHAUER, A. "Bastar-se a si mesmo". In: *Aforismos para a sabedoria de vida*. Trad. J. Barbosa. São Paulo: WMF Martins Fontes, 2013, pp. 24-5; 65; 9-13.

Texto 13. Stuart Mill (1806-1873), *A felicidade no Utilitarismo*

A crença que aceita como fundamento da moral a utilidade ou o princípio da maior felicidade toma por certo que as ações são boas em proporção da felicidade que geram e más se tendem a produzir o contrário da felicidade. Por felicidade, compreende-se prazer ou ausência de sofrimento; por infelicidade, sofrimento e ausência de felicidade. Para dar uma ideia completa da questão, seria necessário estender-se muito, dizer sobretudo aquilo que significam as ideias de prazer e de dor; mas tais explicações suplementares não afetam a teoria da vida sobre a qual é fundada a seguinte teoria moral: o prazer e a ausência de dor são os únicos fins desejáveis; esses fins desejáveis (tão numerosos no utilitarismo quanto nos outros sistemas) o são pelo prazer inerente a elas, ou como meios de buscar o prazer, de prevenir-se contra o sofrimento. Essa teoria da vida excita em muitos espíritos uma repugnância inveterada porque contradiz um sentimento dos mais respeitáveis. Supor que a vida não possui um fim mais elevado, que não há objeto melhor e mais nobre a ser buscado do que o prazer, seria, conforme dizem, uma doutrina boa para os porcos. Há pouco tempo ainda, é assim que se tratavam os discípulos de Epicuro [...]. A comparação da vida dos epicuristas com aquelas das bestas é degradante precisamente porque os prazeres das bestas não satisfazem a ideia de felicidade que o ser humano elabora. Os seres humanos, tendo faculdades mais elevadas do que as dos animais, e delas tendo consciência, não consideram felicidade aquilo que não lhes dá satisfação [...]. Mas não há teoria epicurista da vida que não tenha conferido aos prazeres do intelecto, da imaginação e do senso moral um valor maior que aos prazeres dos sentidos. [...] O princípio de utilidade é compatível com esse fato: algumas "espécies" de prazeres são mais desejáveis, têm mais valor do que outras. Na medida em que se estimam todas as espécies de outras coisas, consideram-se a qualidade e a quantidade, seria absurdo considerar apenas a quantidade quando se trata de avaliar os prazeres. [...] Poucas criaturas humanas aceitariam ser transformadas em animais mais baixos se lhes fosse prometido o completo gozo dos prazeres das bestas; nenhum homem inteligente consentiria em se tornar um imbecil; nenhuma pessoa de coração e de consciência, em se tornar egoísta e baixa, ainda que a persuadíssemos que o imbecil, o ignorante, o egoísta são mais satisfeitos com seu modo do que elas com o seu. Elas não se resignariam a abandonar aquilo que possuem a mais do que aqueles serem em favor da completa satisfação de todos os desejos que têm em comum com eles. Se alguma vez pensarem na possibilidade de tal troca, isso deveria ocorrer apenas no caso de um mal extremo; para escapar a esse mal consentiriam em trocar seu modo de ser por qualquer outro, ainda que fosse pouco desejável a seus olhos. Um ser dotado de faculdades elevadas requer mais para ser feliz, é provável que sofra mais profundamente e, em certos aspectos, é certamente mais acessível ao sofrimento do que um ser de tipo inferior. Mas, apesar de tudo, esse ser não poderá jamais realmente desejar recair numa existência inferior. [...] Aquele que supõe que essa repugnância por uma condição baixa é um sacrifício da felicidade, e que, em circunstâncias iguais, o ser superior não é mais feliz do que o ser inferior, confunde duas ideias muito diferentes, que são a de felicidade e de contentamento. Não é possível negar que o ser cujas capacidades de gozo são inferiores tem maiores chances de vê-las plenamente satisfeitas, e que o ser superiormente dotado sentirá sempre a imperfeição dos prazeres que deseja. Mas esse ser superior pode aprender a suportar tal imperfeição; ela não o tornará invejoso do ser que não possui consciência dessa imperfeição, porque ele não entrevê a excelência que faz entrever a imperfeição. Mais vale ser um homem infeliz do que um porco satisfeito, ser Sócrates descontente do que um imbecil feliz. E se o imbecil e o porco são de uma opinião diferente, é porque eles não conhecem senão um lado da questão.

STUART MILL, J. *O utilitarismo*, II. Trad. Eunice Ostrensky. São Paulo: Martins Fontes, 2004. Modificada pelo autor.

Texto 14. Sigmund Freud (1856-1939), *A ambiguidade da felicidade*

O que revela a própria conduta dos homens acerca da finalidade e intenção de sua vida, o que pedem eles da vida e desejam nela alcançar? É difícil não acertar a resposta: eles buscam a felicidade, querem se tornar e permanecer felizes. Essa busca tem dois lados, uma meta positiva e uma negativa; quer a ausência de dor e desprazer e, por outro lado, a vivência de fortes prazeres. No sentido mais estrito da palavra, felicidade se refere apenas à segunda. Correspondendo a essa divisão das metas, a atividade dos homens se desdobra em duas direções, segundo procure realizar uma ou outra dessas metas – predominantemente ou mesmo exclusivamente. Como se vê, é simplesmente o programa do princípio do prazer que estabelece a finalidade da vida. Esse princípio domina o desempenho do aparelho psíquico desde o começo; não há dúvidas quanto a sua adequação, mas seu programa está em desacordo com o mundo inteiro, tanto o macrocosmo como o microcosmo. É absolutamente inexequível, todo arranjo do Universo o contraria; podemos dizer que a intenção de que o homem seja "feliz" não se acha no plano da "Criação". Aquilo a que chamamos "felicidade", no sentido mais estrito, vem da satisfação repentina de necessidades altamente represadas, e por sua natureza é possível apenas como fenômeno episódico. Quando uma situação desejada pelo princípio do prazer tem prosseguimento, isto resulta apenas em um bem-estar; somos feitos de modo a poder fruir intensamente só o contraste, muito pouco o estado. Logo, nossas possibilidades de felicidade são restringidas por nossa constituição. É bem menos difícil experimentar a infelicidade. O sofrer nos ameaça a partir de três lados: do próprio corpo, que, fadado ao declínio e à dissolução, não pode sequer dispensar a dor e o medo, como sinais de advertência; do mundo externo, que pode se abater sobre nós com forças poderosíssimas, inexoráveis, destruidoras; e, por fim, das relações com os outros seres humanos. O sofrimento que se origina desta fonte nós experimentamos talvez mais dolorosamente que qualquer outro; tendemos a considerá-lo um acréscimo um tanto supérfluo, ainda que possa ser tão fatidicamente inevitável quanto o sofrimento de outra origem. Não é de admirar que, sob a pressão destas possibilidades de sofrimento, os indivíduos costumem moderar suas pretensões à felicidade.

FREUD, S. *O mal-estar na civilização*. Trad. P. César de Souza. São Paulo: Cia. das Letras/Penguin, 2011, pp. 19-20.

EXERCITANDO A REFLEXÃO

1. Alguns exercícios para auxiliar sua compreensão do tema da felicidade tal como tratado neste livro:

1.1. Descreva, de modo resumido, a concepção trágica da vida humana, baseando-se na frase: "Melhor para o ser humano seria não ter nascido".

1.2. Apresente resumidamente as concepções platônica e aristotélica de felicidade concernentes à possibilidade humana de não se submeter completamente a fatores que não dependem do próprio ser humano. Tome como centro de sua resposta a ideia de virtude.

1.3. Comente o papel do prazer na concepção de felicidade em Platão, Aristóteles e Epicuro.

1.4. Estabeleça um contraste entre os autores modernos e contemporâneos elencados ao longo do livro e na antologia de textos (Descartes, Kant, Schopenhauer, Stuart Mill e Freud) e a concepção antiga de felicidade.

2. Exercitando-se na análise de textos:

2.1. De acordo com o texto 1, o que permite ao ser humano fazer de sua vida algo mais do que trabalho e sofrimento?
2.2. Por que o texto 2 chama a felicidade de divina?
2.3. Segundo o texto 3, qual é a relação entre felicidade e virtude?
2.4. Qual a ideia central do texto 4 para afirmar que o sábio pode ser feliz mesmo nas adversidades?
2.5. Que relação há entre felicidade e sofrimento no texto 7?
2.6. Que imagem do tempo, apresentada pelo texto 5, justifica a frase: *Carpe diem!* (Aproveita o dia!)?
2.7. O que, segundo o texto 6, contraria a ideia de que a vida é breve?

2.8. Por que o texto 8 identifica a felicidade com Deus?

2.9. Que imagem é usada no texto 9 para relacionar a felicidade com a vida interior de cada pessoa?

2.10. Qual o sentido, no texto 10, da ideia de fazer da necessidade uma virtude?

2.11. Qual a justificativa fundamental do texto 11 para afirmar que a felicidade é um ideal da imaginação e não da razão ou do entendimento?

2.12. Qual a função da imagem dos asnos e o feno no texto 12?

2.13. Por que o texto 13 realiza uma defesa do pensamento epicurista?

2.14. Por que, segundo o texto 14, os seres humanos costumam aceitar moderar a pretensão à felicidade?

DICAS DE VIAGEM

1. O tema da felicidade e/ou infelicidade do justo e do injusto aparece em diversas obras literárias e cinematográficas, nas quais ressoam algumas teses de Trasímaco e Cálicles. É o caso, por exemplo, da elaboração mental do protagonista do livro *Crime e castigo*, de Dostoiévski. Algumas pessoas, ao superar padrões da moral convencional, poderiam se situar como "superiores". Isso lhes daria a capacidade de ultrapassar qualquer limite, mesmo em relação aos outros, sendo o crime uma manifestação de tal superação da moral. No entanto, a contradição manifesta-se na própria condição do criminoso, como é mostrado no final do livro de Dostoiévski. Em certo sentido, castigo é o próprio crime e a condição moral do criminoso. Outro personagem bastante marcado por esse tipo de "superioridade" moral como manifestação de força e superação da moral, mas que resulta numa contradição, é posto no desenrolar do enredo de *O retrato de Dorian Gray*, de Oscar Wilde, notadamente no teor dos diálogos entre os personagens Lord Henry e Dorian Gray. Você pode ler as obras de Dostoiévski e Oscar Wilde, em diferentes edições em língua portuguesa. Há várias adaptações cinematográficas do livro *O retrato de Dorian Gray*, mas sobretudo a versão clássica dirigida por Albert Lewin (*The Picture of Dorian Gray*, Estados Unidos, 1945). No caso de *Crime e castigo*, há uma interessante adaptação para o cinema, com o mesmo título (*Prestuplenie i nakazanie*, direção de Lev Kulidzhanov, Rússia, 1970). Temática semelhante é tratada na obra-prima de Alfred Hitchcock, *Festim diabólico* (*Rope*), Estados Unidos, 1948.

2. Um dos aspectos do notável filme de Woody Allen *Ponto final* (*Match Point*, Reino Unido e Estados Unidos, 2005) é a relação entre a moralidade e o acaso como realização da felicidade. O protagonista comete um crime hediondo, mas livra-se da punição por pura obra do acaso. No final é dito que sua não punição mostra a inexistência de uma justiça cósmica. Ao mesmo tempo, no entanto, manifesta-se a possibilidade de questionar se podemos chamá-lo feliz, embora aparentemente tenha tido um final feliz. Você pode relacionar as questões do filme com as que aparecem na peça *Édipo rei*, de Sófocles.

3. Se fosse dada a alguém a retrospectiva de todas as suas ações, essa pessoa teria condições de julgar-se feliz? É o que ocorre com o personagem (que agiu de modo avaro e cruel em muitas ocasiões) criado por Charles Dickens, em *Um conto de Natal*. Há diferentes edições em português. Você pode ler a história de Dickens sob a perspectiva de Stuart Mill, pensando na discrepância entre o juízo que alguém faz acerca de seu próprio gênero de vida e o caráter objetivo de tal vida e modo de agir.

4. Faça uma pesquisa em enciclopédias, livros de história da arte ou outras fontes e veja o quadro *A morte de Sardanapalo*, do pintor H. Delacroix. Compare como a figura do rei é representada no quadro e nos exemplos dos filósofos mencionados neste livro. Como interpretar o olhar de tédio ou de indiferença do rei no quadro de Delacroix?

5. Outros filmes sugeridos.
- **5.1.** *O sétimo selo* (*Det Sjunde Inseglet*), direção de Ingmar Bergman, Suécia, 1957.
- **5.2.** *Édipo rei* (*Edipo re*), direção de Pier Paolo Pasolini, Itália, 1967.
- **5.3.** *Viky, Cristina e Barcelona*, direção de Woody Allen, Estados Unidos, 2008.

6. Sugestões literárias.
- **6.1.** *Antígona*, de Sófocles, Perspectiva, 2009.
- **6.2.** *Édipo rei*, de Sófocles, Perspectiva, 2004.
- **6.3.** *Fábulas italianas*, de Italo Calvino, Companhia das Letras, 1992.
- **6.4.** *Fausto*, de Goethe, Editora 34, 2010.
- **6.5.** *Felicidade clandestina*, de Clarice Lispector, Rocco, 1998.
- **6.6.** *Hamlet*, de Shakespeare, várias edições.
- **6.7.** *Medeia*, de Eurípides, Editora 34, 2010.
- **6.8.** *O estrangeiro*, de Albert Camus, Record, 2006.
- **6.9.** *O livro do desassossego*, de Fernando Pessoa, Companhia das Letras, 2014.
- **6.10.** *Oresteia*, de Ésquilo, Iluminuras, 2007.

6.11. *Os trabalhos e os dias*, de Hesíodo, Iluminuras, 1997.

6.12. *Pluto*, de Aristófanes. Editora 34, 2012.

6.13. *Seis propostas para um novo milênio* (*Lições americanas*), de Italo Calvino, Companhia das Letras, 2010.

6.14. *Sermão da Quarta-feira de Cinzas*, de Pe. Antonio Vieira. In: *Sermões*. Vol. I, Hedra, 2014.

6.15. *Teogonia*, de Hesíodo, Iluminuras, 1994.

LEITURAS RECOMENDADAS

1. As obras que forneceram o itinerário percorrido neste livro foram:

ARISTÓTELES. *Ética a Nicômaco*. Trad. Leonel Vallandro. In: *Aristóteles*. São Paulo: Abril Cultural, 1973 (Coleção "Os Pensadores").
BALTASAR GRACIÁN. *Arte da prudência*. Trad. Ivone C. Benedetti. São Paulo: Martins Fontes, 2009.
CÍCERO. *A virtude e a felicidade [Tusculanas V]*. Trad. C. A. Nougué. São Paulo: Martins Fontes, 2005.
——. *Do sumo bem e do sumo mal*. Trad. C. A. Nougué. São Paulo: Martins Fontes, 2005.
——. *Textos filosóficos*. Trad. J. A. Segurado e Campos. Lisboa: Calouste Gulbenkian, 2012.
DESCARTES, R. *Discurso do método*. In: *Obras escolhidas*. Trad. J. Guinsburg e Bento Prado Jr. São Paulo: Abril Cultural, 1973 (Coleção "Os Pensadores").

EPICURO. *Carta sobre a felicidade (Epístola a Meneceu)*. Trad. Álvaro Lorencini e Enzo del Carratore. São Paulo: Unesp, 1999.

Epicuro/Lucrécio/Cícero/Sêneca/Marco Aurélio. Vários tradutores. São Paulo: Abril Cultural, 1973 (Col. "Os Pensadores").

FREUD, S. *O mal-estar na civilização*. Trad. P. C. de Souza. São Paulo: Companhia das Letras, 2011.

HORÁCIO. *Odes e Epodos*. Org. Anna Lia A. Prado. Trad. Bento Prado de A. Ferraz. São Paulo: Martins Fontes, 2003.

KANT, I. *Fundamentação da metafísica dos costumes*. Trad. P. Quintela. Lisboa: Edições 70, 2009.

PLATÃO. *A República*. São Paulo. Trad. Anna Lia A. Almeida Prado. São Paulo: WMF Martins Fontes, 2014.

———. *Górgias*. Trad. Daniel Lopes. São Paulo: Perspectiva, 2013.

———. *Filebo*. Trad. Fernando Muniz. São Paulo: Loyola, 2012.

———. *O Banquete*. Trad. José Cavalcante de Souza. In: *Platão*. São Paulo: Abril Cultural, 1974 (Col. "Os Pensadores").

PETRARCA. *Prose*. Trad. A. Bufano. Milão: Riccardo Ricciardi, 1955.

PLUTARCO. *Como tirar proveito de seus inimigos*. Trad. Isis Borges B. da Fonseca. São Paulo: Martins Fontes, 2003.

SANTO AGOSTINHO. *Dialogues philosophiques* IV. Trad. R. Jolivet. Paris: Desclée de Brower, 1948, pp. 243-5. Há uma tradução brasileira do diálogo *A vida feliz* (Trad. Nair A. Oliveira, São Paulo: Paulus, 1995).

SCHOPENHAUER, A. *Bastar a si mesmo*. Trad. J. Barbosa. São Paulo: WMF Martins Fontes, 2013.

———. *Aforismos para a sabedoria de vida*. Trad. J. Barbosa. São Paulo: WMF Martins Fontes, 2012.

———. *A arte de ser feliz*. Trad. Marion Fleischer e Eduardo Brandão. São Paulo: Martins, 2009.

SÊNECA. *Da vida feliz*. Trad. João Carlos C. Mendonça. São Paulo: WMF Martins Fontes, 2009.

———. *Sobre a ira & Sobre a tranquilidade da alma*. Trad. José E. Lohner. São Paulo: Cia. das Letras/Penguin, 2014.

———. *Sobre a brevidade da vida*. Trad. William Li. São Paulo: Nova Alexandria, 1993.

———. *Cartas a Lucílio*. Trad. J. A. Segurado e Campos. Lisboa: Calouste Gulbenkian, 1991.

STUART MILL, J. *O utilitarismo*. Trad. Eunice Ostrensky. São Paulo: Martins Fontes, 2004.

TOMÁS DE AQUINO. *A prudência: virtude da decisão certa*. Trad. J. Lauand. São Paulo: WMF Martins Fontes, 2014.

2. Sugerimos alguns outros títulos para você continuar sua viagem filosófica pelo tema da felicidade:

CANTO-SPERBER, M. (org.). *Dicionário de ética e filosofia moral*. Vários tradutores. São Leopoldo: Unisinos, 2003.
O Dicionário *organizado por Monique Canto-Sperber é uma das melhores fontes para o estudo de Ética e Filosofia Moral, traduzido em português. O verbete* Felicidade *é uma referência, assim como* Virtude, Bem, Liberdade.

FOUCAULT, M. *A hermenêutica do sujeito*. Trad. Márcio Alves da Fonseca. São Paulo: WMF Martins Fontes, 2014.
Conjunto de cursos de Michel Foucautl sobre a ideia de cuidado de si. Opera um contraponto entre a filosofia antiga e a moderna, procurando mostrar a precariedade desta com relação àquela no tocante ao cuidado de si.

KENNY, A. *Uma nova história da filosofia ocidental*. Vol. I: A filosofia antiga. Trad. Carlos A. Bárbaro. São Paulo: Loyola, 2008.
Atualmente, a obra de Anthony Kenny, traduzida em português, é um dos melhores guias para um panorama histórico da História da Filosofia em nosso idioma. O primeiro volume trata da filosofia antiga.

LEOPOLDO E SILVA, F. *O outro*. São Paulo: WMF Martins Fontes, 2013.

O autor parte da experiência comum de que tudo se apresenta como sendo o mesmo e como sendo outro, como idêntico e como diferente. Reflete sobre a alteridade com base nos autores Platão, Santo Agostinho, Descartes, Sartre, Paul Ricoeur e Lévinas.

LEOPOLDO E SILVA, F. *O conhecimento de si*. Rio de Janeiro: Casa da Palavra, 2012.

Não apenas o espanto diante do Universo leva a filosofar. O espanto de si também. Por isso, conhecer a si mesmo é o começo e o fim da Filosofia.

———. *Felicidade. Dos filósofos pré-socráticos aos contemporâneos*. São Paulo: Claridade, 2007.

Breve panorama do modo como a felicidade foi tratada como tema filosófico, partindo dos filósofos antigos, passando pela Idade Média e Moderna e chegando à contemporaneidade.

LIMA VAZ, H. C. *Introdução à ética filosófica I*. São Paulo, Loyola, 2001 (Escritos de Filosofia V).

Capítulos escritos de maneira didática e rigorosa sobre a ética em todos os períodos da história da Filosofia.

NUSSBAUM, M. *A fragilidade da bondade*. Trad. Ana A. Cotrim. São Paulo: WMF Martins Fontes, 2011.

A autora recupera em profundidade intuições vindas da tragédia grega e propõe abordagens novas de problemas ético-políticos contemporâneos.

ROBIN, L. *A moral antiga*. Trad. J. M. Barbosa. Porto: Despertar, 1970.

Estudo clássico do grande helenista Léon Robin. Não se trata de um panorama, mas de um estudo de conceitos estratégicos da moral antiga (como bem moral, felicidade, virtude, as condições psicológicas da ação livre etc.).

SANTORO, F. *Arqueologia dos prazeres*. Rio de Janeiro: Objetiva, 2007.

Estudo das concepções antigas do prazer, em sua relação com as ideias de repouso e movimento, o corpo e o intelecto, a ação e a paixão.

VEGETTI, M. *A ética dos antigos*. Trad. José Bortolini. São Paulo: Paulus, 2015.

Abrangente história da Ética antiga, indo de Homero a Plotino.

WHITE, N. *Breve história da felicidade*. Trad. Luis Carlos Borges. São Paulo: Loyola, 2009.

História do conceito de felicidade. O autor mostra como o sentido desse termo sofreu variações ao longo do tempo, nem sempre designando a mesma concepção.

ZINGANO, M. *As virtudes morais*. São Paulo: WMF Martins Fontes, 2013.

Estudo didático e rigoroso da noção de virtude, em seu nascimento aristotélico, e da perspectiva de sua atualidade em Filosofia.